北大·周建波教授企业经营管理丛书

营销管理

周建波 著

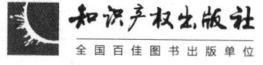

图书在版编目（CIP）数据

营销管理 / 周建波著. —— 北京：知识产权出版社，2015.10（2019.11重印）
ISBN 978-7-5130-3578-1

Ⅰ.①营…　Ⅱ.①周…　Ⅲ.①营销管理　Ⅳ.①F713.56

中国版本图书馆CIP数据核字（2019）第228397号

内容提要

本书讲的是企业要先选择一个最有发展前途、最有竞争优势、与众不同的细分市场，然后坚持不懈地开拓它，利用每一个有利的市场机会，迅速地占领它。营销管理过程包含四个步骤：分析市场机会；选择目标市场，确定目标顾客；确定最能发挥优势的途径，树立企业形象；确定营销组合。营销组合又分4P：产品、价格、渠道、促销。6P：4P＋权力＋公共关系。10P：6P＋探查＋分割＋优先＋定位。11P：10P＋员工。本书从管理的本质出发，运用辩证思维的观点，通过大量的营销案例，从企业家优秀的管理思维方式入手，将营销管理的各个环节做了深度剖析，对企业营销管理的具体实施具有战略性的指导意义。

责任编辑：杨晓红　　　　　　　　　　　责任印制：刘译文
封面设计：郭　蝈

营销管理
周建波　著

出版发行	知识产权出版社有限责任公司	网　　址	http://www.ipph.cn	
社　　址	北京市海淀区气象路50号院	邮　　编	100081	
责编电话	010-82000860 转 8114	责编邮箱	1152436274@qq.com	
发行电话	010-82000860 转 8101/8102	发行传真	010-82000893/82005070/82000270	
印　　刷	三河市国英印务有限公司	经　　销	各大网上书店、新华书店及相关专业书店	
开　　本	787mm×1092mm　1/16	印　　张	15.25	
版　　次	2015年10月第1版	印　　次	2019年11月第2次印刷	
字　　数	250千字	定　　价	49.00元	
ISBN 978-7-5130-3578-1				

出版权专有　侵权必究
如有印装质量问题，本社负责调换。

推荐序一

尽管我对本系列丛书所涉内容并不精通，没有多少发言权，但我还是十分乐意应作者邀请为之作序。缘由无它，作为周建波先生多年好友和同事，我了解他；也很为他这些年在教学研究领域取得的成就感到高兴。能与大家分享这份感受和喜悦，不敢说对读者一定会有多大助益，但在我看来，这是一份义务，更是一种责任。

你也许不一定完全接受作者提出的每一个论点，及其所做的每一层分析和阐述，事实上作者也从未视己见为不可更改的定论，反而一再表示继续研究思考之意；但你不能不承认他的论述本身富有说服力，如同他讲课极富感染力一样。周建波先生才华横溢、善于表达、富于激情；其文章论点明确、论据充实、旁征博引，这是大家公认的。大凡古今中外、各种学问与史事，以及现实生活的方方面面，无论天文地理、人文社科，还是领袖教导、贤人名句，甚或民间传说、草根习俗等，作者皆可随手拈来，为其所用。其视野之开阔，事理之通达，分析之透彻，让人击掌叫好。读者在阅读之际，能在不知不觉间被他的论述所吸引。没有深厚的学术功底和长期修炼，要做到这一点几乎是不可能的。当然，这同他根植和长期浸润于北京大学的历史和经济学科的深厚学术背景和土壤密不可分。

但这还不是最重要的。如果不是同改革开放的实践相结合，也难以迸发出夺目的思想火花。事实上，只知埋头于故纸堆的历史研究必难有所成就，这是人们普遍认可的事实；但要做到博古通今，古为今用，也不是那么容易的事情。周建波的一大优点正是在于他不拘泥于既定的、熟悉的历史知识框架，而是满腔热情地投入改革开放的实践，深入体验这些年来中国社会所发生的深刻变化，并努力将所学历史知识同鲜活的实践相对照、相渗透、相结合，从而大大加深了他的思想深度及其现实性。这就是为什么人们阅读他的《企业变革》《营销哲学》《营销管理》与《儒墨道法与现代管理》，或者聆听他的讲解，会每每感受到唯物论和辩证法的魅力，以及来自实践论和矛盾论的启发。

周建波教学研究成就的意义，早已越出他个人成功的范畴，它是北京大学经济学科这些年来改革发展成果不可或缺的一部分。具有百年历史传承的北京大学经济学科，这些年来逐渐成长为改革开放新时期的精英摇篮、理论阵地和思想先锋。然而走到这一步并不容易，那是在克服了从思想认识到合格人才等各方面的障碍和困难之后才取得的。如何将史论见长的优势转化为现实的成果，就是当初所面临的最艰巨、最迫切的任务之一。直接面向社会、举办企业家培训班，当初也是在争论许久后才取得共识、着手办起来的。缺少合格人才更是当时的一大难题。就是在这个当口，年轻的历史学者周建波走上了直接面对企业家的讲台。在经过一番艰苦磨炼之后，他终于取得了成功，也为北大经济学科的改革和建设立下汗马功劳。

我殷切期待并坚信，周建波先生作为中国经济思想史学科带头人，百尺竿头，更进一步，在今后的岁月中取得更骄人的成就。是为序。

北京大学经济学院前院长　晏智杰
2015.7.29

推荐序二

唐太宗在《帝范》序文中曾说："道以光大为功，术以神隐为妙。"我觉得，这句话放在企业经营里也非常合适。对一家企业而言，整合这个企业的经济、运营、管事、用人的技能，都是"术"的层面；而经营理念、战略布局、资源整合、企业文化塑造等，则属于"道"的层面。很多企业家在产生经营管理困惑时，多侧重于寻找经营的"术"，但实践当中，往往"道"才是各类问题的根本症结所在，一个企业在"道"的境界走向通达，才是治本和制胜的关键。

但是，如何学习经营企业之道？北京大学经济学院周建波教授的这四本著作《企业变革》《营销哲学》《营销管理》《儒墨道法与现代管理》给了我们学习的方向！

多年前，周建波教授在山东教育电视台《名家论坛》栏目热播的管理学讲座中，分别开设了《企业变革》《营销哲学》《营销管理》《儒墨道法与现代管理》四个专题。通过一段时间的学习，我确实受益匪浅。当时我就想，这么精彩的讲座应该广为传播，让更多的人知道，让更多的人受益。

两年前，在北京大学光华管理学院的讲堂上，我又聆听了周建波教授的课程。周教授的学识、思考问题的方式和为人处世的方式深深吸引了我，当我将所学知识用于企业的管理和经营之后，更是收到了意想不到的效果。这次周教授邀我作序，我既深感教授厚爱，又弥足惶恐。在周教授的指导下，我和我的企业都受益颇多。因此我希望有更多的有缘人能够受益，遂不揣浅陋，写下一点感悟，是为不算序言的序也。

我个人投身于中国商海二十二年，作为改革开放之后在中国商海博弈的亲历者和见证者，亦算是在企业经营这条路上"求道"良久，我深知其中的辛酸与不易。我们这一代在商海中摸索打拼成长起来的企业家，最渴望的就是能在企业管理和企业经营中有好的理论与方法指引我们前行，希望既有理论又懂实战的领路人来帮助我们这些摸爬滚打的企业家！

经营一个企业的过程就像一场战役，几乎每时每刻都要迎接挑战：政策浪潮的冲击，市场风云的变化，内部管理的症结，人才培养的困惑……企业家们无一不希望自己能遇贵人，为自己的企业增添智囊，用大智慧和大气魄来指导经营，抢占商机，做出最理性的决策与应对。

有幸结识周建波教授之后，终于有了"问道"于贵人的福缘。经历了长久的沉淀，我越来越感触到，现在中国的很多企业，都在学习国外的管理理念和方法，当然，国外先进且优秀的东西我们肯定需要学习，但是，我个人感觉，中国的企业一定要跟中国的文化相契合，这样才能在中国的社会环境中长久地生存、发展、强大。在当代中国，回归社会的普世价值和传统文化，呼唤企业的社会责任与价值共享，把市场经济的规律与民族优秀的文化基因相结合，载以厚德，才是推动中国社会进步和企业发展的根本。

这些，正是周教授所倡导的。周建波教授作为北大经济思想史学科带头人，集历史与经济学科的研究成就于一身，他最擅长将中国历史文化与现代企业经营有机地结合在一起，能够帮助企业经营者迅速理清经营脉络，抓住企业战略制定的重心。

我非常幸运地遇上了周建波教授这位贵人，教授很低调，姿态放得很低，越是这样，越能赢得别人的尊重和认可。他告诉我，成功要靠借力，借别人的梯子，登自己的楼。在这个日新月异的时代，周建波教授这套丛书的出版正当其时，因为这四本书浓缩了万千企业的经营规律。

《企业变革》《营销哲学》《营销管理》《儒墨道法与现代管理》这四本书能够结集出版，对企业家来说，真的是非常珍贵！有缘阅读这套书籍，无异于身边多了一位无形的贵人辅佐，我发自内心地希望周教授的思想与学识能让更多的人受益，希望更多从事经营的企业家朋友能够学习、领悟、贯通、致用。

是为序。

福元运通董事长　孙立文
2015.8.5

推荐序三

首先,祝贺周建波教授把他近二十年的教学、科研、实践、思考和智慧凝聚成《企业变革》《营销哲学》《营销管理》与《儒墨道法与现代管理》系列丛书出版发行,呈献给企业家和企业管理者,共同分享他的智慧结晶。其次,感谢周建波教授邀请我为本书写序,使我也能在忙碌的企业管理工作中停一停脚步,静静地品味一下本系列丛书中的思想火花和智慧光芒,吃一顿思想的盛宴,梳理一下自己的思绪,慰藉一下这颗躁动不安的企业家灵魂。

我是1999年在北京大学经济学院主办的中国企业家特训班第一期学习时结识周建波教授的,他当时是我们的《营销管理》授课教师,他的严谨学术风格、澎湃的教学激情和谦虚的实践精神给我们留下了深刻印象,被公认为最受欢迎的教师之一。他当时说过的一些精彩的话,诸如发现需求,满足需求;只要思想不滑坡,办法总比困难多,等等,直到今天都深深地印在我的脑海里。后来的十几年岁月里,我与周教授不仅仅是师生关系,还成了亦师亦友的朋友。我们在一起的时间,探讨最多的话题就是现代企业管理,这让我受益匪浅,生活中有他一路同行使我深感荣幸。

我们处在一个全球化、瞬息万变、无时无刻都必须创新改变的时代,不管你愿意还是不愿意,经济运行的全球化和国内的营销环境,正在把每位中国企业家榨干、撕碎,企业家不敢有片刻的懈怠,唯有不断地学习、思考、改变、创新和高瞻远瞩,才能使企业踏浪扬帆,乘风破浪出海远航，绽放企业家生命的价值和光彩。

　　本系列丛书，从《企业变革》中的变革目的，变革方向，如何变革，企业家素质在变革中的重要性，阐述了变革时期的企业家思维和应对之策；到《营销哲学》中的营销本质，顾客和员工需求，利益共同体需求，最大化满足需求，从哲学层面揭示了营销的本质和顾客及利益集团的诉求；再到《营销管理》中的发现细分市场，坚持不懈地开拓市场，从本质和辩证思维的观点，指导营销战略管理和实施；最后到《儒墨道法与现代管理》中的投资人、职业经理人、和谐员工、不和谐员工的价值观，纵古论今地道出了现代企业管理的理念和方法。是一套高品质、接地气、与时俱进的现代企业管理丛书。

　　本系列丛书立体、全面地阐述了现代中国企业管理的精髓，值得每位企业家认真研读、思考和总结。

　　是为序。

北京华瑞核安科技有限公司董事长　王伟华
2015.9.9

作者序

本系列丛书是在山东教育电视台《名家论坛》栏目热播的管理学讲座——《企业变革》《营销哲学》《营销管理》与《儒墨道法与现代管理》演讲稿的基础上整理而成的。

《企业变革》讲的是随着企业的发展、内外环境的改变，企业的制度和文化也必须要做相应的改变。至于变革的方向，一是由生存向发展转变。二是由追求眼前利益向追求长远利益转变。三是由游击队向正规军转变。四是由务实向务虚转变。如何做到这些转变？这对企业领导人的素质来说是一个严峻的考验！因而变革成功的保证是企业家素质的提高。本书以实事求是的态度、以变化的观点，从大量的营销案例和企业家管理思维入手，高屋建瓴地提出了市场转型期、企业变革期企业的应对之策。

《营销哲学》讲的是营销从表面上看，是产品和货币的交换，但从本质上看是人和人之间的社会关系。企业要生存、要发展，必须满足顾客的需求。而要满足顾客的需求，必须首先发现顾客的需求。此外，还要满足员工、供应商、经销商、金融机构、新闻媒体、政府、公众等合作伙伴的需求。说到底，企业是带着一个战略同盟来跟另一个企业的战略同盟展开竞争，看谁更能满足顾客的需求。本书将营销的本质上升到哲学层面，揭示营销与人性的根本关系，即如何通过营销各环节中纷繁复杂的表象来把握客户的心智，提高营销的精准度。

《营销管理》讲的是企业要先选择一个最有发展前途、最有竞争优势、与众不同的细分市场，然后坚持不懈地开拓它，利用每一个有利的市场机会，迅速地占领它。营销管理过程包含四个步骤：分析市场机会；选择目标市场，确定目标顾客；确定最能发挥优势的途径，树立企业形象；确定营销组合。营销组合又分4P：产品、价格、渠道、促销。6P：4P+权力+公共关系。10P：6P+探查+分割+优先+定位。11P：10P+员工。本书从管理的本质出发，运用辩证思维的观点，通过大量的营销案例，从企业家优秀的管理思维方式入手，将营销管理的各个环节做了深度剖析，对企业营销管理的具体实施具有战略性的指导意义。

《儒墨道法与现代管理》讲的是儒墨道法等传统国学思想对现代企业管理的启示。儒家代表的是职业官员（职业经理人）的价值观；墨家代表的是普通百姓、普通劳动者的价值观；道家代表的是不得志者、隐士的价值观；法家代表的是投资者、执政者、领导者的价值观。当下社会的主体基本由这四类人群组成。而企业是社会的缩影，也包含着这四类人。只有了解了这四类人内心深处的根本想法与关注点，才能找到解决社会问题的关键，才能从根本上发现并解决企业的问题，从而为有效管理打下坚实的基础。本书纵论古今，将儒墨道法思想与典型企业案例相结合，深刻揭示了如何将儒墨道法的思想运用到现代企业的管理中。

我是1996年由郑学益教授、朱正直教授带入工商管理教学领域的。1995年，我由北大历史系考入北大经济学院，跟随石世奇教授攻读中国经济思想史专业博士。经济学是经世济民的学问，现实性极强。为了取得对社会经济，尤其是经济的主体——企业更深入的认识，我在学业之外，还在经济学院专科班、专升本班教授《营销学》《中国对外贸易概论》，目的是取得对现实经济更直观、更具体的认识。就学员的反馈来说，两门课的评价都挺好，但影响更大的还是《营销学》，我曾先后给东北佳木斯干部班、张家口干部班、东北绥化干部班、中国人寿保险青年干部班、中国财寿保险青年干部班上过课。此外，还跟着郑学益教授去江苏森达、青岛海尔等知名企业上课、调研，去山东莱芜、青岛即墨给党政干部上课、考察。当时晏智杰教授任主任、丁国香教授任副主任、郑学益教授任秘书长的北大市场经济研究中心与天九集团有合作，我还跟着丁国香教授、郑学益教授多次去广西南宁、桂林，给来自全国包括政界、企业界在内的各界人士上课，并第一次踏出国门去越南考察。1997年，共青团中央青工部举办"振兴千家中小企业"活动，我作为特邀专家先后去江苏徐州的维维集团、维爽集团，江阴的三毛集团，以及沈阳、延边、长春的多家企业进行调查，并在《改革》《经济管理》等知名刊物发表调研报告。由于有上述经历,我自感读博期间的眼界比一般的博士生要开阔得多,这要特别感谢北大经济学院提供的平台,感谢郑学益教授、晏智杰教授、丁国香教授、朱正直教授,以及顾琳娣老师、杨贵荷老师、李大庆老师等诸多老师的大力支持。

1999年秋天开始,我担任北京大学企业家特训班、现代经理人培训班的主讲教师,教授《营销学》《企业家学》两门课程,得到学员的高度认同,如此一来,接触企业的机会更多了,这样就引起了山东教育电视台的关注。当时《名家论坛》栏目的制片人侯纲先生、周雨佳先生多次来京跟我商谈将我在北大的讲课搬上电视的事宜。他们说,学员对我的课程反应强烈,这么好的课程不能仅仅停留在校园,还应依靠影响力巨大的电视传媒的力量走向社会,推动中国企业和社会的进步。正是由于他们的信任,我才将在北大讲授的课程逐一搬上了电视课堂。先是于2003年春天开始录制《企业变革》,其后一发不可收拾,又分别录制了《营销哲学》《营销管理》《儒墨道法与现代管理》。如此算来,我在北大企业家特训班、现代经理人培训班讲授的课程,除了《成败晋商》外,全部搬上了电视课堂。

我很感激山东教育电视台给我如此宝贵的传播平台,使我的学术成果能够迅速地在社会上推广。事实上,正是借助山东教育电视台的广阔平台,全国关注我、熟悉我的人更多了,以至于有一段时间去饭店吃饭,经常有人过来敬酒,说在电视上见过我,很喜欢我的讲课,我的单由他结了。走在路上被人拦住打招呼、拍照的就更多了。在机场候机时,还有过拿着经济舱的票却被请入头等舱休息室休息的经历,因为机场工作人员听过我的电视讲课。

然而讲课终究是一阵风,要长久地被人们记住,还得著书。为此,不少出版社找过我,但那几年的注意力主要放在提教授职称上,顾不得整理书稿,这样自然就耽搁下了。其实,2004年、2005年的时候,我的妹夫于洪波先生就整理过我的书稿。当时,他刚刚进入培训业,各方面都还不熟悉,我就让他先听我的讲座,并在此基础上进一步整理,变口头语为较规范的书面语,而这本身就是个学习的过程。为此他听了很多遍,做了非常认真的整理。当然，他从听讲中取得的进步也很大，他后来还在北大昌平校区教授《营销学》《项目管理》等，他最初的学习教科书，某种程度上就是我的讲座。目前，他被很多人认为是培训行业项目管理教学领域的第一人，我很欣慰，既为他的进步而高兴，也为自己能在他前进的道路上出过一臂之力而骄傲。

2014年秋天，知识产权出版社的杨晓红女士与我联系，希望出版《营销哲学》。这之前她在电视上看过我的讲座，感觉受益很大。我与她通电话时，得知她是山东人，亲切感顿生。等见面细聊时，自然而然就谈到了出系列丛书的事情，杨女士一口应承下来，这样就有了这套丛书的出版。

2015年春节期间，我开始整理文稿，发现：第一，于洪波先生已经整理得非常好了，我只是将个别错误改正过来就是。第二，对我来说，修改的过程也是温故知新、进一步加深理解的过程。

在此，我要特别感谢山东教育电视台《名家论坛》栏目制片人侯纲先生，感谢文稿整理人于洪波先生，感谢该书的责任编辑杨晓红女士。正是有了他们的支持，才有了这套书的问世。同时，我还要特别感谢我的家人，正是他们的支持，才让我全身心地投入工作，才有了工作中的一点小成就。俗话讲，学无止境。新的社会实践总是不断产生新的问题，逼着我们进行新的思考。这套丛书，尽管有了较长时间的准备，也经受了差不多二十年的社会实践的检验，但肯定还有许多无法涉及的或者不完整的地方，这只能留待今后的研究工作进一步深入了。希望这套丛书能给各行各业的管理者带来特别的收获和惊喜。

周建波
2015.3.15

目录 CONTENTS

第一讲 营销管理过程

第一节 何为营销管理过程/1

第二节 营销管理过程的步骤/3

第三节 营销管理的工具/5

第二讲 宏观营销环境的分析
—— 预测社会变化对市场机会选择的影响

第一节 为什么要关心宏观营销环境的变化/9

第二节 如何分析宏观环境的变化/12

第三讲 市场需求量的测量与预测

第一节 为什么要测量市场需求量/19

第二节 市场需求量测量的基本概念/23

第三节 怎样测量当前的市场需求量/25

第四节 怎样测量未来的市场需求量/26

第四讲 目标顾客的选择

第一节 如何进行市场细分/30

第二节 如何选择目标顾客/34

第三节 目标顾客选择过程中应注意的问题/37

第五讲 市场定位
—— 如何在设计中奠定竞争优势的基础

第一节 何为市场定位/40

第二节 如何制造差别化/42

第三节 制定定位的策略/45

第六讲 产品策略一
—— 新产品的开发和初期的销售

第一节 有关产品的几个问题/50

第二节 新产品开发/52

第三节 新产品初期的销售/56

第七讲 产品策略二
—— 产品生命周期不同阶段的营销组合

第一节 何为产品的生命周期/62

第二节 生命周期不同阶段的营销战略、营销组合/65

第八讲 产品策略三
—— 市场的生命周期与产品的生命周期的协调

第一节 市场生命周期与营销的关系/72

第二节 市场生命周期各阶段的特点及营销战略/73

第三节 随着市场生命周期的变化,企业应该如何改进
自己的产品/78

第九讲 产品策略四
——产品组合
第一节 产品的整体观念/82
第二节 产品怎样做组合/86

第十讲 产品策略五
——品牌及其营销
第一节 什么是品牌/91
第二节 品牌营销策略/94

第十一讲 产品策略六
——服务营销
第一节 什么是服务/101
第二节 服务营销策略/107

第十二讲 定价策略一
——基础价格的制定
第一节 定价的重要性/112
第二节 基础价格的制定/117

第十三讲 定价策略二
——价格的变动及如何打价格战
第一节 价格微调/125

第二节 价格变动/133

第十四讲 分销策略一
——渠道模式及其选择
第一节 分销渠道及其重要性/145

第二节 渠道成员的选择、管理及与生产商的关系处理/149

第三节 渠道系统的调整/152

第十五讲 分销策略二
——渠道冲突及其解决
第一节 什么是渠道冲突/155

第二节 如何解决渠道冲突/158

第十六讲 促销策略一
——促销和营销传播过程
第一节 促销和促销组合/162

第二节 营销信息沟通过程分析/165

第三节 营销信息沟通过程的具体步骤/166

第十七讲 促销策略二
—— 促销组合
第一节 促销组合和整合营销传播/171

第二节 促销组合的策略/173

第三节 广告宣传中应该注意的问题/176

第十八讲 促销策略三
—— 营销人员的激励和管理
第一节 营销人员的选拔与管理/181

第二节 如何防范营销人员犯错误/188

第十九讲 促销策略四
—— 销售人员如何高效率地工作
第一节 销售人员的职能/192

第二节 销售队伍的规模/193

第三节 用案例介绍销售人员的销售步骤/194

第二十讲 课程回顾之一
—— 如何向不同的客户销售不同种类的产品
第一节 如何向不同客户销售/201

第二节 如何销售不同种类的产品/203

第三节 服务产品的销售/206

第四节 用案例说明如何向有潜力,但较难对付的客户销售/207

第二十一讲 课程回顾之二
—— 如何在不同时间、不同地点销售同一类产品

第一节 同一类产品如何在不同时间销售/210

第二节 同一类产品如何在不同地点销售/212

第二十二讲 课程回顾之三
——走出营销管理的误区

第一节 营销管理的基本精神及宏观管理中易出现的问题/218

第二节 营销4P容易出现的问题/221

第一讲 营销管理过程

本讲主要内容
一、何为营销管理过程
二、营销管理过程的具体步骤
三、营销管理的工具（营销组合）

在前面的营销哲学课中，我把营销过程中所要发生的社会的关系以及如何处理这些关系的原则，做了一个比较详细的讲述。现在开始讲营销管理。

第一节 何为营销管理过程

营销管理就是具体的营销运作过程。营销的本质是发现需求、满足需求，营销管理的过程，就是发现需求、满足需求的过程。换句话讲，就是打江山，坐江山。要坐江山，必须要打江山，打了江山不见得能保住江山。打了江山，如果保不住江山，那你付出的代价更大。打下江山并且要保住，关键是寻找一个合适的江山，既打得下还能保得住。因此来讲，在整个营销管理里面，最重要的是选择什么样的江山,江山一旦选择之后,怎样打江山,怎样巩固江山,就是具体的操作过程。

用美国西南航空公司总裁的话来讲,营销管理是什么?营销管理就是给自己的企业选择一个最有发展前途的、与众不同的细分市场,然后坚持不懈地开拓它,利用每一个有利的市场机会,迅速地占领它。实际上讲了两个步骤:

第一,选择一个最具有发展前途的有利可图的市场,然后坚持不懈地经营它,利用每一个有利可图的市场机会,迅速地占领它,这说明选择什么样的江山。

第二,研究怎样占领江山和巩固江山。

革命战争年代,我党选择在什么地方建立革命根据地?我们党总是在国民党几个省的交界地带建革命根据地。为什么总是在这几个省的交界地带建根据地呢?

第一方面,在帝国主义、封建主义、官僚资本主义三座大山的压迫下,中国人民生活水平落后,体内蕴藏着一种巨大的反抗的动力。这意味着"革命市场"具有发展前途。毛泽东说过"星星之火,可以燎原"。通过对市场机会的宏观经济形势变化的分析,可以看出革命的发展是具有一种发展前途和潜力的。

第二方面,国民党几个省的交界地带,等于是"三不管"地带,由于部门的不协调,造成了管理的盲区,这就成了对方竞争优势最弱的地方,相对来说,也就是我方竞争优势最强的地方。

第三方面,一旦我党力量壮大了,借着这几个省的交界地带,还可以向周围的省份发展。我们党在哪里建革命根据地,对现在的企业经营很有启发。我们党就是按照"发展潜力/竞争优势"这项原则来建立革命根据地的。

抗日战争胜利之后,我们党派了一半的中央委员和共产党军队最优秀的将领,以及十几万大军到了东北。为什么呢?毛泽东说过一句话,哪怕所有的根据地都丢了,只要东北根据地还在,我们党在五年之内肯定还能统一全国。他为什么选择东北而不选择别处?因为和别的根据地相比,东北的发展潜力最大。

第一,东北的黑土地肥沃,庄稼长得好,能养得起更多的兵。

第二,当年闯关东的人很多,意味着这一带的人民数量也比较多,具备充足的兵源基础。

第三，东北是一个什么样的地理环境？三面靠着三个社会主义国家，蒙古、苏联和朝鲜。我党占领了东北，就意味着建立了一个稳定的大后方，从此告别了二十多年来根据地四面被包围的历史。

第四，东北重工业发达，意味着我党一旦占领东北，就能告别"没有枪，从国民党手里抢；没有炮，从国民党手中夺"的历史，我们可以自己制造武器。后来的历史证明了这一点，四大野战军当中，东北野战军数量最多，一百多万大军，还专门有一个炮兵军。

从竞争优势来讲，我党当时的根据地主要在华北、华中，与东北很近，有地缘优势，国民党远在西南，交通不便。因此通过这个分析，毛泽东说只要占领了东北，五年之内肯定能统一中国，后来的历史确实证明了这一点。

每一个企业，企业的每一个营销区域的经理，每一个业务员在选择你所要服务的目标顾客的时候，都要按照"发展潜力/竞争优势"的原则来做出决定。这是我们坚定不移的方向。营销管理的过程就是按照这个原则选择市场机会，并且占领以及巩固这个机会的过程。

第二节　营销管理过程的步骤

营销管理有三个步骤：

（1）第一步：通过对宏观环境变化出现的市场变化的分析，判断哪个市场机会能成为企业营销的机会。

什么是市场机会呢？市场机会就是未满足的需要。

什么是营销机会呢？营销机会就是既具有发展潜力，又具有竞争优势的市场机会。

我们的目的是从市场机会中选择出谁是我们的营销机会。随着现代社会的发展,诞生了许多未满足的需要,出现了很多市场机会,比如说餐饮业很有前途,文化产业很有发展前途,教育产业很有发展前途,医疗卫生产业很有发展前途,金融保险产业很有发展前途,交通、通信产业很有发展前途,这么多的有发展前途的产业,不就是市场未满足的需要吗?这就是市场机会。

那么,在这么多的市场机会当中,谁能成为你的营销机会呢?还要看你的竞争优势如何。你要完成这个机会,你要有供应,要有给你经销产品的人,要有技术力量,你能不能满足?有没有人比你满足得更好?如果你打了江山,不能保住江山,那么你趁早不要去打这个江山。经过这么一分析,有很多的产业明明很有发展前途,但不适合你做。

比如说对于我来讲吧,餐饮业市场机会很大,但对我不适合啊!我不了解这一行当,我没有供应来源,也没有销售来源,我不能做啊!保险业也不适合我啊,金融业也不适合我啊,交通/通信业不适合我啊,但是教育适合我。我长期从事教育工作,这行业我有经验,准备也充足,有关的社会关系也熟,因此来讲,一辈子从事教育,就是我的选择。

(2)第二步:对该营销机会的当前市场规模和未来发展潜力进行预测,在市场细分的基础上选择目标市场,确定目标顾客。并在此基础上确定谁是自己的竞争对手,谁是自己的合作伙伴。一旦决定了要干某个行业,你还要考虑你的资源是有限的,你只能为其中一部分人服务。选择为哪部分人服务呢?还是要按照"发展潜力/竞争优势"的原则。你首先要对该营销机会的当前市场规模和未来发展潜力进行预测,明白它有多大,在预测的基础上,按照影响消费者需求的因素,将这个市场划分出无数个小市场。在众多的小市场当中,按照"发展潜力/竞争优势"的原则选择你的目标市场,确定你的目标顾客。

(3)第三步:通过对目标顾客的需求,竞争对手和自身实力的分析,确定竞争优势发挥的途径,树立与众不同的形象。在既定选择的目标市场上一定还有竞争对手,竞争对手有他的优势和劣势,在分析竞争对手优势和劣势、分析自己优势和劣势的基础上，确定发挥竞争优势的途径，也就是市场定位，树立与众不同的形象。

(4) 第四步：就是通过对产品、定价、促销、分销等营销手段的精心分析，研究如何通过具体的营销组合，来达到建立并保持长期的竞争优势的目标追求。需注意的是在进行定价、促销、分销、产品选择的时间，还是要遵循"发展潜力/竞争优势"的原则，要考虑消费者追求什么？消费者最顾虑的是什么？我的优势是什么？我的劣势是什么？竞争者哪些方面满足不了消费者的需要？我应该怎样来定价？我应该怎样做宣传？我应该怎样在方便的地点来销售？

企业就是通过上述营销管理的四个具体的步骤，来分析、判断、确定它的最终定位的。

第三节　营销管理的工具

营销管理的工具又叫营销组合。打仗没有武器不行，要调动消费者的积极性，也必须要有武器，改变消费者头脑中预期收益和预期成本的结构，从而促使消费者做出有利于你的决定。

(1) 营销组合有哪些呢？首先是4P，因为四个最基本的营销手段的第一个字母都为P，因此我们简称为4P。哪4P呢？就是靠合适的产品、合适的价格、合适的分销、合适的促销，来改变消费者预期收益和成本的结构，从而促使消费者做出购买你的产品的决定。

首先是合适的产品。其次，定一个消费者满意的价格。然后再用合适的语言，合适的方式，在合适的时间和地点，用合适的形象代言人来做宣传，让消费者对你的产品有所了解，产生兴趣，形成信赖，最终购买，而且要建立完善的营销网络，让消费者在方便的地点购买。这是最基本的四个手段。每一个手段，又有它的具体的组合。

产品的手段包含着质量、特色、款式、功能、品牌、包装等，这几个方面共同作用，满足消费者的需求。价格手段包含着基本的价格、折扣、付款时间、信贷条件。地点手段包括让消费者在什么地点购买，渠道的建设，储存，运输。促销手段包含着广告、推销员、销售促进、打折降价、公共关系、新闻媒体的宣传等，影响消费者来做决定。

（2）4P被称为营销的四个常规武器。后来人们在竞争中发现，仅仅有营销4P还不够，又加了两个P，被称为营销6P。新加的2P是权力和公共关系。

什么是权力呢？比如说在对外贸易的过程中，你的产品再好，你的价格再低，可是某些国家就是不让你进去，或者即使让你进去，也用非常苛刻的条件、非关税壁垒来挡住你。这个时候怎么办呢？就得靠着政府的力量，强行打开这个国家的大门。

我讲个例子，2001年韩国禁止中国的蔬菜出口，尤其我们山东的蔬菜出口，中国以什么作为对抗条件？以限制它的手机进口。日本限制中国的蔬菜出口，我们以限制它的汽车进口到我们国家作为对抗条件，逼着他们后退，让我们的蔬菜进去。这就是权力的力量。因此，企业必须要跟政府结合，越是做大的企业，更是需要政府的力量作为它的最终的后台，离开政府是万万不能的。

什么是公共关系呢？接着上个例子讲，即使这个国家让你进去，但是这个国家的老百姓有一种强烈的排外情绪，那么你照样进不去。在这里我举个例子，几年前美国轰炸中国驻南斯拉夫的大使馆，对我们的老百姓造成了非常大的伤害，人的天性是爱屋及乌，恨屋及乌，于是中国人民把对美国霸权主义的痛恨转嫁到可口可乐、百事可乐身上。那段时间我在北大的南门吃饭，看得很明显，百事可乐、可口可乐的销量直线下降。而中国人自己的可乐，"非常可乐""娃哈哈"上升得很快。在这种情况下，可口可乐怎么做呢？可口可乐毕竟是百年品牌，类似于这样的事情见得多啊，在一周之内就很快稳住了脚，它在报纸上发表了一个声明，说"可口可乐"坚决站在中国人民一边，反对美帝国主义的霸权行为。中国人一听就高兴了，一高兴了又买它的东西了。这叫什么？这是不是利用社会的舆论改变社会对你不利的形象评价？形象评价变了，对你的产品的评价变了，是不是销量就改变了？

（3）后来大家发现，无论是4P还是6P，不外乎是满足需求，那如何发现需求呢？后来人们又加了四个P，即10P。

第一个是探查，探查就是市场调查，在对宏观环境和微观环境进行市场调查的基础上，发现谁是我的营销机会。

第二个是分割。假若我没有力量把它全部完成，就对这个营销机会进行分割。

第三个是优先。根据发展潜力、竞争优势的原则，选择你为之服务的目标顾客。

第四个是定位。在目标市场上如何打败竞争对手呢？还应根据竞争对手的优势/劣势，我的优势/劣势，根据扬长避短，避实击虚的原则，选择我发挥竞争优势的途径，这就是定位。

（4）靠谁来发现需求、满足需求呢？靠内部员工。这就是第11P。

怎么调动员工的积极性呢？你必须满足员工的需求。你要满足员工的需求，就要发现员工的需求。怎么发现员工的需求呢？我认为企业人力资源部最大的任务就是发现内部员工的需求，尽量设法给予满足。发现员工需求的办法有很多，比如说建立厂长信箱，建立一个信息平台，经常开员工座谈会，给员工发调查问卷，到员工家里进行家庭访谈等。通过这些方式，允许员工举报，了解员工的需求，从而确定出新/老员工如何区别对待，干部和一般员工应该如何区别对待，共同经营员工的人力资源。

有人会问，我满足了他的需求，他能满足我的需求吗？因此现在很多企业搞竞争上岗的办法。竞争上岗是什么？不就是合适的人在合适的岗位上吗？不就是选择最有购买欲望，又具有购买能力的人来从事这个工作吗？因此在我眼里，营销有外部营销，有内部营销。管理有内部管理和外部管理，营销和管理没有本质的区别。

如果有区别的话，就是外部员工和企业是松散的关系，他有了需求，他可以讲，他有了不满，他能迅速地离开。内部员工呢？他不容易离开，他依靠这个企业，因此即使有了不满，也往往不好意思表达，藏在心里，通过发牢骚的形式来反映。因此作为企业来讲，发现内部员工的需求，比发现外部顾客更为艰难。但是，只有内部员工的需求满足了，他才会满足外部顾客的需求。你不让员工满足，员工不会让顾客满足。我们说官大一级压死人，上级批下级，下级批员工，员工再批谁呢？那只能批顾客，还不把顾客打走了！因此，必须依靠内部员工需求的满足去满足外部顾客的需求。

课程回顾

一、何为营销管理过程

营销管理过程就是选择市场机会并且迅速占领以及巩固这个机会的过程。

二、营销管理过程的具体步骤

1. 分析市场机会。
2. 选择目标市场，确定目标顾客。
3. 确定最能发挥优势的途径，树立企业形象。
4. 确定营销组合。

三、营销管理的工具（营销组合）

1. 4P：产品、价格、渠道、促销。
2. 6P：4P+权力+公共关系。
3. 10P：6P+探查+分割+优先+定位。
4. 11P：10P+员工。

第二讲
宏观营销环境的分析
——预测社会变化对市场机会选择的影响

本讲主要内容

一、为什么要关心宏观营销环境的变化

二、如何分析六大宏观营销环境

第一节 为什么要关心宏观营销环境的变化

营销管理的目的是选择一个有利可图的市场机会,并且利用每一个有利可图的时机来迅速地占领它。换句话讲,发现目标顾客并且动用营销手段去实现它。那怎样发现目标顾客呢?首先要判断社会的变化会出现哪些机会,然后再来判断你有没有力量来实现它,实现了之后你能不能巩固它。那么在发展潜力和竞争优势之间,哪个又是最重要的呢?一般来讲,发展潜力是最重要的。

个人的命运只有和祖国、人类的命运相结合才能有远大的前途。祖国、人类的命运不就是社会的长远的需求吗?你再能干,选择的路错了,将来又能好到哪里去?怎么判断社会变化出现的具有长远发展前途的市场机会呢?要通过宏观环境的变化来感受,来预测。宏观环境的变化是什么呢?就是已讲过的交换形势图中最外边的那个圈。人口环境、经济环境、文化环境、政治环境、技术环境、自然环境，这六大环境是不断地变化的。

（1）六大环境的变化，本身就引申出很多的市场机会。怎么感受这些市场机会呢？必须要从两个方面来注意：

第一个方面，就是平时的留意。多看报纸，多看电视，多看杂志，社会的变化都是通过这些刊物来保存它的信息的。看得多了，储存在脑海里的信息就多了。储存的信息多了，到了一定的时间就会连成一条线索，就会形成规律性的认识，就会明确地感受到社会向哪里改变。大家为什么感到保险业越来越有发展的前途？不就是感受到社会在进步，经济在发展，人们的安全意识在上升，不就是通过这个来感受的吗？

第二个方面，是主动的关心。什么叫主动的关心呢？有条件的公司，可以设置一个政策研究室，有专门的人将有关的重要材料积攒在一起，隔一段时间看一看，规律性的认识就此形成。

我1996年去江苏森达时，江苏森达就有一个企划办公室，里面专门有一个员工是女大学生，她专门看报纸，当时还没有普及电脑，她的工具就是一把剪刀，一瓶糨糊，一支圆珠笔，将社会的变化对皮鞋生产和销售有影响的，都剪裁下来，装订在一起，时间长了，她就能看出一个规律性的东西来。这个公司的几个重大的决策，都与这个小姑娘有关。别的人是不能轻易见老板的，而她呢？她感到重要，可以随时见老板。她好比是领导的指导，她替领导在预测未来。国家为什么有一个图书馆？高考的学生为什么要把自己已经考完试的考卷保存起来？不就是积累吗？好记性不如烂笔头，时间久了回头再看，规律性的东西就形成了。材料多了，看得多了，就能从感性走向理性。

实际上万事万物都是有征兆的。征兆是什么？不就是萌芽、出生、成长、壮大、衰亡这么一个时间轨迹吗？

在这里我讲个例子。20世纪70年代初，西方曾经发生了一次非常大的石油危机,对美国的经济造成相当大的打击。因为美国是车轮子上的国家,他要开车一定要有汽油,汽油来自于石油,那么石油的价格高了,就必然带动汽油的价格高。造成了什么呢? 开车不合算,以致一些美国人都骑自行车上班。这对美国汽车工业,对美国整个的国民经济是致命性的打击啊!

那么石油危机带来的能源危机有没有类似的征兆? 有啊! 首先资源不是无限的,你挖得越多,剩下得越少,这本身就隐含着到一定时间,必定会出现需求无限,供给不多的情况,价格一定上涨,至于什么时候表现出来,那就看特定的政治经济因素。事实上,阿拉伯国家联盟在20世纪60年代中期,曾经召开过一次会,讨论怎样用价格做武器来跟帝国主义、霸权主义做斗争。会后,还发表了一个声明:假如帝国主义老是欺侮我们,我们就以石油做武器,来跟他们做斗争。当时的美国报纸报道了,但是美国也不拿它当回事。(美国的报纸很厚,在最后一版的右下角进行报道的,大家不拿它当回事。)十年后它发作了,那么如果平时留意的话,是不是就会早做准备啊! 早做准备,危机来了,即使不能做到利润最大化,也能做到损失最小化吧! 因此我们说,你的目标顾客的选择,是根据市场变化产生的机会来确定的,而社会的变化是有规律的,需要你留意。

(2)分析宏观营销环境的变化为了两个目的。

第一,发现市场机会。什么是市场机会呢? 就是从长远来讲,对我的行业有利的发展趋势。

第二,为了发现市场威胁。什么是市场威胁? 就是社会的发展变化从长期来讲,对我的行业不利的一种发展趋势。几家欢乐几家愁,社会的发展变化在给某些行业带来发展机会的同时,也会给某些行业带来致命的威胁。如果是机会,你得要抓紧机会,做到利润的最大化;如果是威胁,你需要规避威胁,做到损失的最小化。我们不能寄希望于危机不发生,我们所能做的就是危机发生了,有应付的办法。

(3)环境的变化有以下三种类型。

第一是变化非常快,快得你都没法应付。比如说地震、山洪暴发以及政治格局的变化。

第二就是变化非常慢，慢得你都感觉不到它的变化。比如说食品的变化就相当慢。日本自明治维新后学西方，但是学了一百六七十年，日本的饮食还是传统的。

第三种，变化相对慢，但人们能够感受到它的变化，能够从容地应对。

第二节　如何分析宏观环境的变化

1. 人口环境的变化

（1）为什么要分析人口环境呢？因为社会的主体市场是人，是人的追求。大家从哪些方面来分析人口环境呢？

①人口的数量

人口数量的变化会影响产品销售的变化。

②收入的变化

人群收入的变化能影响消费者的需求。

③文化素质的变化

文化素质的变化会影响你的宣传形式，广告方式的变化，也会影响生产什么样的产品的变化。

④性别结构和比例的变化

性别结构比例的变化影响对什么样的产品有需求？怎样做广告？怎样做宣传？比如说，纺织厂员工的需求和机器制造厂员工的需求是截然不同的。

⑤年龄结构的变化

不同年龄人的需求是不一样的。

⑥人口的流动速度和方向的变化

现在是孔雀东南飞，对空调的需要量大，对T恤衫的需要量大。随着西北的开发，越来越多的人到西北去了，到西南去了，我相信对于皮衣的需求一定会大起来。

⑦人口密度、民族、种族等的变化也会影响到对产品的需求的变化。

（2）人口变化将来的发展趋势是什么呢？

①人口爆炸和分布不均衡的趋势

从全世界来讲，人口越来越多，但是人口的地理分布是不均衡的，越是发展中国家，人口越多，越是发达国家，人口越少，甚至出现负增长。人口分布的不均衡，意味着你怎么销售产品？对发达国家销售什么样的产品？怎么做广告？对发展中国家销售什么样的产品？怎么做广告？发达国家人口少，人均资本量多，需要高质量的产品吧。文化素质高，需要做的广告和发展中国家不一样。

②老龄化的趋势

所谓老龄化就是老年人在人口比例中的数字越来越高的趋势。什么造成了老年化？原因很简单，一是人的寿命在延长。二是人口的出生率在降低，造成了老年人的比例越来越大。那么老年人比例的增大，老龄化趋势的增强，意味着什么呢？意味着在未来的社会，与老年人有关的产品会流行。假发套，假牙，拐杖，助听器，为老年人服务的各种医疗机构，等等，都会盛行。当然了，为老年人提供产品的形式、定价、广告，以及方便的购买的地点，都要发生变化。

③流动化的趋势

发展中国家向发达国家流动，不发达地区向发达地区流动，市中心向郊区流动，农村向城市流动，发达国家、发达地区向具有发展前途的新型工业化国家和地区流动。流动趋势带来了人口密度的变化，意味着你的营销网络应通过变化来适应这个趋势。人口流动也意味着对产品的需求量有很大的变化，如，人都往南部走，对空调的需要，对T恤衫的需求一定大。同时也意味着商业销售方式的变化。现在为什么出现了大卖场？出现了折扣店？出现了超市？它与市中心向郊区流动是分不开的。当然了，在流动的过程中，通信工具需要，房子需要，交通需要，为了这些发展，就需要一系列的配套力量。

④文化素质提高的趋势

文化素质的提高是什么力量造成的？人们收入提高，追求精神生活。人的文化素质的提高意味着什么？第一，从未来来讲，要生产高质量、高科技含量、高文化产量的产品。第二，意味着做广告的方式要发生变化，要适应人们生活水平。第三，文化产业意味着教育产业的大发展。

2. 自然环境的变化

万事万物没有不变化的，唯一不变的是变化。

（1）某些不可再生的能源、原材料的提供量日渐缩小的趋势，带来了价格的提高，给企业的发展和销售带来了不利的影响。同时也意味着企业要加强对这些不可再生的、日渐缩小的原料和能源的取代，替代品的生产有很大的发展空间。

（2）污染趋势扩大，政府加大对环境的保护。人类科学力量的增强，意味着改造自然能力的增强。改造自然的过程，在某个方面来讲是破坏的过程，也是造成污染扩大的过程。破坏了环境，使得政府加大了对环境的保护，意味着什么呢？很多达不到排污要求的企业，要被国家明令处理。2001年报纸报道，伤害山西李海仓的那个人就是做小造纸厂的，被政府取缔之后，无恒产者无恒心，走上了犯罪的道路。作为企业，应该能预见这种趋势，早做准备。

（3）政府扩大对环境的保护，也意味着企业必须增大对排污设备的投资，这当然影响到产品成本的提高，影响到产品的销售。另一方面，国家把很多的制造污染的企业都打掉了，而市场的需求又在逐渐提高，那些具备条件的企业就活得比较舒服。比如，国家取缔了很多制造污染的小煤矿，很多的国有煤矿现在开始赚钱了。

（4）绿色营销运动崛起的趋势。绿色营销运动从本质上看，指的是人们生活质量的提高。人们物质满足了，追求精神生活，所以绿色营销说到底是人们追求生活质量提高的表现，因此各行各业都必须顺应绿色营销的这个趋势。比如说如何制造不带来污染的水泥？这个桌子做得能不能更适应人们的生理结构？这就是绿色营销运动啊！

3. 经济环境的变化

经济环境有以下三种变化趋势：

(1) 消费者的收入日渐提高的趋势，产品的科技含量一定要提高。但是消费者收入的变化也要具体分析。从时间来看，有经济的低潮和高潮，大家要用变化的观点，用波动曲线变化的观点来看问题，高潮的时间想着低潮的时间需要什么样的产品。从社会结构来看，社会是分层次的吧。有豪富阶层，有白领阶层，有小康阶层，有温饱阶层，还有贫寒阶层，不同的阶层有不同的价值观，有不同的需求，这意味着企业应该选择自己的目标顾客。

(2) 恩格尔准则。恩格尔是个德国的统计学家，那么在一百多年前他做过这么一个统计，他说随着人们生活水平的提高，食品的需求占总支出的比例越来越低。人们的食品支出比例越来越低，才会有剩余，才能购买服装，买家电，买空调，出去旅游，意味着新的市场机会的出现，要做新的投资。尽管食品的相对支出比例在减少，但是食品的绝对数量又在增加。为什么呢？传统的家庭，既有生产功能，又有消费功能，男耕女织。现代的家庭基本上是消费的功能，生产的功能被企业替代了，而且消费的功能也越来越弱化，人们越来越喜欢在外面吃饭了，意味着餐饮业很有发展空间，餐饮业也得向规模经济的方向发展。

我在宁波去过一家饭店，上下五层楼，同时容纳万人就餐，就是2003年"非典"期间，也座无虚席，还得排队等候呢！现在的饭店规模越来越大，这都影响到房地产的发展。将来的厨房功能越来越小，人们越来越多地在外边吃饭，做那么大的厨房有什么必要？

(3) 消费者支出模式的变化。什么是支出模式呢？就是在储蓄和支出之间比例的变化。人们穷的时间，对未来悲观，更多地储蓄，更少地支出。现在，人们对未来乐观，更多地支出，更少地积蓄，因此才有了分期付款。分期付款对于大件耐用品的生产和销售产生了很好的影响，比如说房地产、汽车的销售。

4. 技术环境的变化

所谓技术环境就是科学技术的变化给营销带来的影响。科学技术给社会带来的影响是非常大的，它被称为创新性的破坏。

（1）从长远来看，它会给人类带来进步，但从一段时间来看呢？它可能带来的是人们福利的降低。从社会结构来看，它会给一部分人带来大发展，会给另一部分人带来大损失。因此我们应该辩证地看待科学技术的变化。如，复印机的发明，颠覆了复写纸行业。对中小企业的发展是一个很大的促进。为什么呢？大企业不看准了不敢投资，一旦投错了对它打击很大。而中小企业呢？无恒产者无恒心，他敢干。敢干，成功和机遇就大一些。

（2）科学技术变化很快，对企业的产品淘汰的速度加快。企业不得不进行技术创新，但是投资的力度不敢太大，所以，国家加大了对科学技术的投入力度，那么企业就应该跟国家的科学技术政策结合在一起，依靠国家的支持来发展。企业不仅要用先进的理论来武装，还应用先进的武器来武装。

5. 政治环境的变化

政治环境包含着政体、政局、政策、民族主义情绪等方面。法律环境包含着各种有关竞争秩序的维持，包括消费者的权益的维护，社会长远利益的法规等。政治法律环境的变化，给企业的生产和销售带来很大的影响。因为什么呢？政府代表社会的整体利益，政府是通过政策来影响社会的变化的，一刀砍下去，最多给百分之八十五的人带来好处，给百分之十五的人带来坏处，因此你得关心、关注政策、法律的变动。不仅要关注本国的政治法律带来的机会和威胁，假如你是做国际贸易的，还要关注做生意国的政治环境的变化。比如说美国打伊拉克，美国打阿富汗，给国内的很多企业的生产带来了很大的影响，因为大家是一个生产链条。

6. 文化环境的变化

所谓文化是某一区域的民众对自然、社会和人类本身的看法和认识。文化的变化就是观念的变化，观念的变化影响到对产品的评价的变化，从而影响了产品的销售。

文化有两个特点：一是变化性。社会在变化，人的观念也在变化，观念的变化说明了广告宣传改变人们的认识的重要性。文化的另外一个特点是相对稳定性。什么是相对稳定性？就是有先变的，有后变的，有变得很快的，有变得很慢的。

那么文化的变化性和相对稳定性这两个特点，对企业的生产和对营销的影响是什么呢？未来什么样的产品会流行？中西合璧的东西会流行。"西"代表着什么呢？代表着人类努力的方向，具体来说代表着科学技术的发展。"中"代表着什么呢？产品的外观、款式、包装、品牌、名称和标志等。产品的宣传必须深刻地受到中国人思维的影响。企业要在变和不变，先变和后变之间，搭起一座平衡的桥梁。在这方面我们需要向美国的商人学习。美国要打哪个国家的市场，先把好莱坞的免费影片送过去，好莱坞的免费影片是用来改变人们的观念的。既然免费来看，大家都很高兴，在免费观看的过程中，人们的观念一旦改变，美国的产品就源源不断地过去。这叫什么呢？文化搭台，经济唱戏。

课程回顾

一、为什么要分析宏观营销环境

1. 抓住市场营销机会。
2. 化解市场环境威胁。

二、如何分析六大宏观营销环境

（一）人口环境的变化趋势

1. 人口爆炸与人口分布不均衡。
2. 老龄化。
3. 流动化。
4. 消费者文化素质提高。

（二）自然环境变化趋势

1. 资源的有限性。

2. 污染的扩大性。

3. 政府保护环境力度加大。

4. 绿色营销运动兴起。

（三）经济环境的变化趋势

1. 消费者收入提高。

2. 恩格尔准则。

3. 消费者支出模式变化。

（四）技术环境的变化趋势

1. 行业替代速度加快。

2. 产品淘汰速度加快。

（五）政治/法律环境的变化

企业不仅要关心本国，关心贸易国，还要关心国际政治/法律环境的变化。

（六）文化环境的变化

1. 文化的变化性。

2. 文化的相对稳定性。

第三讲 市场需求量的测量与预测

本讲主要内容

一、为什么要测量市场需求量

二、市场需求量测量的基本概念

三、如何测量当前市场需求

四、如何测量未来市场需求

第一节 为什么要测量市场需求量

社会的变化会产生出很多的市场机会,营销者不仅要分析会产生哪些市场机会,更要分析哪些市场机会是值得你做的。

怎么分析?

第一,要分析你有没有力量来完成,如,有没有供应力量?有没有销售力量?

第二,还要看你能不能长期地做下去。也就是说打下的江山,还能不能长期地保得住。这要考虑竞争对手有什么明显的弱点,这些弱点就是消费者未满足的需要,你能不能利用他的弱点?

第三,还得考虑万一你做好了,会不会马上就有人模仿。它会造成竞争激烈化，尤其在我们中国，更容易出现一窝蜂现象。现在中国的很多企业经常存在以下问题：在分析自己能不能长期做下去的时间，只考虑了现实的竞争者，忘了分析潜在竞争对手。

什么叫潜在竞争对手呢？我成功了马上有很多人来模仿，从而造成竞争激烈化。在考虑现实竞争者、潜在竞争者的同时，还要考虑替代的竞争者。何为替代的竞争者？虽然做的产品跟我不一样，但满足的功能是一样的，换句话讲，你的这个产品能有几年的生命周期啊？你得考虑这个问题，从而决定值得做还是不值得做。

20世纪90年代，爱多的老总胡志标刚刚决定进入VCD行业的时间，就说过这样一句话：VCD行业的生命周期只有三年，以后会被更高技术的DVD所替代。DVD和VCD应该说是两个不同的产品，但是它满足的功能是一样的。

洛克菲勒在开发石油的时间，警惕地注视着爱迪生的发明，为什么呢？爱迪生发明的电也是能源，这项发明一旦成功，对他（洛克菲勒）应该说就是一个很大的打击。因此洛克菲勒用警惕而嫉妒的眼光注视着爱迪生的发明，但是爱迪生的背后有一个伟大的风险投资家——摩根，没有摩根的支持不会有爱迪生的成功。

从这三个方面（现实竞争者、潜在竞争者、替代竞争者）来看，你就能把你的竞争优势看得更准确，从而决定能不能做，值不值得做，做多长时间就转手。这为你更准确的决策打下了坚实的基础。

一旦选择了营销机会，还要考虑资源的有限性决定了你没有力量为这个营销机会里的所有人劳动，你只能为一部分人服务。你首先要考虑对这个营销机会的市场容量进行测量，以判断它是否有发展潜力，是否值得投资，以及怎么进行投资等。

这个营销机会的市场容量包含着两方面的内容：一是当前的市场规模，二是未来的发展潜力。

你把这两个方面决定了，你就能了解这个市场的容量到底是多大，然后才能为你的市场细分和选择目标顾客打下基础。换句话讲，对宏观营销环境的分析研究能预见出有多少个市场机会，通过对这个市场机会，对这个竞争优势的预测，能分析出你到底要干哪个。当前的市场规模可以用当前的市场需求量来表示，未来的发展潜力可以用未来的市场需求量来表示。

为什么这两个方面要同时来预测呢？因为只测量了眼前而不考虑未来，贸然投资，有可能造成很大的损失。比如说20世纪80年代，我们国家有一段时间兴起了呼啦圈热。有的企业就盲目投资呼啦圈，结果投资还没完成或刚刚投资，呼啦圈这个"热"就热过去了。就热了这么几个月，没有长远的发展潜力，你不是白投了吗？

生活中有这么一句话：提前一百步是疯子，提前五十步是傻瓜，提前一步甚至半步那才叫英雄。为什么呢？因为中国的企业规模不大，资金实力不大，提前得太多等不到革命的爆发就先死掉了。你必须在革命高潮即将爆发的时间，提前一点点，这时候就借东风了。

为什么外国的跨国公司能提前很长时间来投资呢？比如说20世纪80年代，麦当劳就来中国投资，当时中国的经济水平还不够高，吃快餐的需求量还不够大，麦当劳在中国不断地亏本，但是它能亏得起啊！它的实力很大，它把中国当成一个桥头堡，来做艰苦的发动、开拓市场的工作。没指望赚钱，指望的是开拓市场，教育民众，在民众中形成一个良好形象，革命高潮一旦来了，它就进行大规模的投资。在这里我讲两个案例，一个爱多，一个秦池。

爱多为什么倒了？秦池为什么倒了？很多人都说是因为当标王当的，我认为这个话讲得不对。标王是什么？不就是做广告，做宣传，实现投资效益最大化吗？白酒和VCD都是大众消费品，大众消费品的消费者是非常分散的，你要在短时间内把他们集中在一起，非得做广告不可，既然是做大量的广告，山东台是做，中央台也是做，在哪里都是做，做标王也是做，做标王就要投入多，既然要投入多，干吗不当标王？所以，我认为它们做广告的这个判断是正确的。

爱多为什么争抢标王？因为爱多分析市场容量很大。因为VCD是替代录音机的，有明显的产品优势，当然市场规模很大，但是未来没有发展潜力。爱多是个中小企业，它必须趁着这个千载难逢的转变自身的市场机会，赶紧投进去赚一笔钱，为将来的转产打基础。

秦池为什么要当标王？因为白酒在当时市场规模很大。中国人好喝酒，但过去穷，喝不起酒，现在生活水平提高了，有能力喝酒了，于是拼命喝，当前的市场份额很大。但是未来的发展潜力呢？随着社会的发展，喝酒的时间和空间要受到很大的限制，为什么呢？城市化了，要工作了，你喝得醉醺醺的，怎么工作啊？另外，随着城市化的推进，主要是做智力劳动了，艰苦的体力劳动退出，人们的体力也没有过去强了。过去，武松喝十八碗酒，照样可以过山冈，现在谁受得了？还有社会越来越文明，大碗地喝酒，人们觉得不文明。在西方的文化里，喝葡萄酒是最文明的。在这种情况下，它（秦池）就觉得白酒当前有市场，但是未来必然受到严重的影响。因此它决定抓住这千载难逢的机会，赶紧捞一笔钱，为将来的转产做基础。

爱多怎么倒了？爱多在考虑战略规划的时间，没有考虑到市场一旦打开，市场需求量大了，产业的规模得扩大，这对管理能力是一个挑战。最后它是因为管理跟不上而倒下了，并且是倒得一塌糊涂。

秦池怎么倒了？原来它计划做一年见好就收，但是这一年没想到这么成功，厂长怎么说？白天开出一辆桑塔纳，晚上开回一辆大奔驰。多高的利润？员工当时发很多很多的钱啊！几辈子都没见过这么多钱啊！这是什么心理？暴发户的心理。于是就准备再干一年。结果第二年，四川的酒业觉醒了，大家联合起来，运动媒体不断和它算账：你要做这么多的广告，你要生产多少酒？你有这么大的生产规模吗？既然没有，你的酒料到底哪里来的？你肯定是到别处来购买，购买再来勾兑。其实，勾兑并没有什么不好，问题在于当时的社会舆论认为勾兑是不应该的，结果老百姓一下子给迷惑了。一迷惑，就不敢买它的酒了，接着就出现了大滑坡。

所以，爱多犯了什么错误？它没有想到它的管理跟不上。秦池犯了什么错误？用军事学的话讲叫恋战。因此，不是当不当标王的问题。

第二节 市场需求量测量的基本概念

（1）市场需求量是在一定的时间、一定的区域、一定的营销环境、一定的行业营销费用下，市场对某种产品可能购买的数量。

（2）影响市场需求量的因素主要有两个。

一是行业的营销费用，二是营销环境。大家看图(a)纵坐标是"特定时期的市场需求"，即，发展潜力。横坐标是行业的营销费用。这张图就反映了行业的营销费用和市场需求量之间的关系。

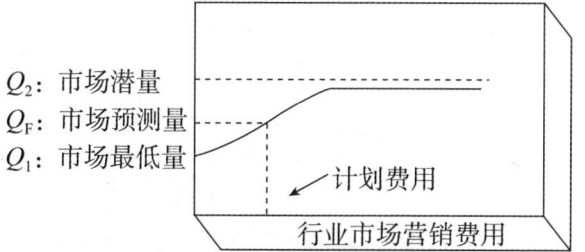

(a)市场需求是行业市场营销费用的函数

（假定在特定的市场营销环境下）

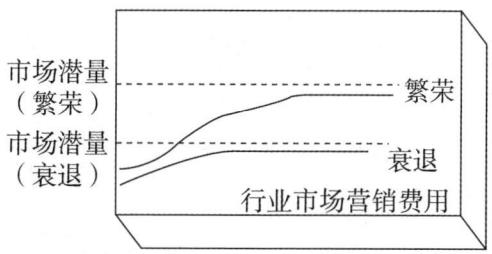

(b)市场需求是行业市场营销费用的函数

（假定在两个不同的市场营销环境下）

Q_1是市场的下限,不用做任何广告也会有人购买。只要你符合市场需求,随着广告的增多,购买的人越来越多,因为人们认识到了产品的价值。但是广告打到一定点,一定会到达一个再也没有人买了的状态。为什么呢？该买的人买了,不该买的人也不买了,这就叫市场的上限(Q_2)。市场的这个上限和下限之间的这个距离被称为市场敏感度,即对广告起作用的空间,广告起作用的空间就在这里。

再看图(b),假如说下面这条线是经济低潮时间,行业的营销费用和需求量之间的关系,那么上边的这条线就是经济高潮时间,市场的需求量和行业营销费用之间的关系。经济繁荣,不用做广告也会有更多的人购买,因此,曲线高昂。经济衰退,即使做广告,购买的人也不会太多,因此,曲线处于低迷。

（3）什么叫市场定额？

在市场预测的基础上再加上一部分。为什么呢？因为营销人员的劳动还要增加上一块劳动价值,因此市场定额是在市场预测的基础上加进去的。

（4）何为不同层次的需求？

我们经常讲某个产品的需求如何,其实,这个话是不全面的。你应该讲在什么时间、在什么地点、在什么具体的产品项目下,市场的需求如何,这就很具体了。假如我们把时间分为长、中、短三个时期,把空间分为世界、国家、区域、城市、农村五个层次,把产品分为三个类别,产品大类：服装,产品线：西服,产品项目：蓝色的西服,我们就可以把整个服装的需求分为3×5×3=45个状态下的需求。因此,你讲的哪个方面的需求,是有特定含义的。

（5）何为不同层次的市场？

①首先是潜在市场。潜在市场是具有购买欲望的人构成的市场。比如说中国保险业的潜在市场很大。

②其次是有效市场。有效市场是既有购买欲望又有购买能力的人组成的市场。这一下子市场就大大减少了。

③再次是有资格的有效市场。指的是既有购买欲望又有购买能力,还具有购买资格的人构成的市场。比如说摩托车。摩托车在很多城市是禁止进入的,要想

进入城市必须花很多的钱上牌照,这就说明具有这个购买欲望和购买能力的人受到一定的限制。

④那在这个有资格的有效市场里边,你为谁服务呢?这就叫目标市场。目标市场就这么选择出来的。

随着时间的延伸,更多的人具备了购买能力,你的目标市场的范围也在不断扩大,目标市场的需求也在不断改变。随着时间的变化,你的营销管理工具也应该相应地变化。大家要以动态的观点看待你的目标顾客群体及其需求的变化,不要觉得目标顾客永远不变。

第三节　怎样测量当前的市场需求量

在一年时间内,在特定的地域,在一定的营销费用和一定的营销环境下,市场可能购买的产品数量叫当前市场需求量。也就是在这种状态下最多有多少人购买。测量当前需求量的办法主要有两种:算术法和连锁比例法。

1. 算术法

比如说雅戈尔衬衣厂,要测算一下一年之内中国的衬衣需求量是多少。首先要计算全国多少人穿衬衣,这个相对好估算。第二,要估算全国人民所穿衬衣的平均价格是多少。第三,要估算全国人民平均每年购买多少件衬衣。最后,三个方面一乘便出现了当前市场需求量,如何估算全国人民平均每年穿几件衬衣?

先分类后分析。先把全国人民分成几个类别:白领、小康、温饱、贫寒。每一个阶层的人平均穿几件衬衣?每一个阶层占多大的比例?这么一来是不是就算出来了!全国人民穿衬衣的平均价格是多少呢?也是这么算的。先划分几个阶层,再估计每个阶层占多大的比例,每个阶层的人购买衬衣的平均价格是多少,连续相乘、相加就算出来了。

当时很多人跟雅戈尔衬衣厂讲不要做衬衣了,做点高科技含量的产品吧,结果它们越算越有信心,当时它们算的全国人民平均每年穿四件衬衣,美国平均每人每年穿15件衬衣。随着中国经济越来越好，人们穿衬衣的数量越来越向美国看齐吧，那当然市场越来越大了。另外，穿衬衣的价格也在逐步地提高，所以，雅戈尔是越算越有信心，将来应该做衬衣。应该做什么样的衬衣？高科技含量，高文化含量的衬衣。决策就是这么形成的。

在计算当前市场需求量的过程中，经常会有误差，甚至比较大的误差。为什么呢？因为算的过程都是估计，估计就有误差，有误差是很正常的，关键是误差不要太大。怎样才能减小误差呢？靠经验和观察，对行业了解得多了，是不是估计得就比较准确了？另外，在长期的估算经验当中会总结出纠正误差的办法，有人估计得太高得向下拉一拉，有人估计得太低得向上提一提。

2. 连锁比例法

实质上，连锁比例法是算术法的变种。我要在当地办个幼儿园了，我要办一个学校了，我要开一个商店了，经常采用这种办法。

比如说上世纪90年代末，南方航空公司到北大招空中小姐和空中先生。它在北大最多招多少人呢？它是怎么算的？首先北大的本科生每年两千左右，这个能算出来。这两千左右的人，多少人视力是1.5？这能估算出一个比例吧。男的要求在1米72以上，女的要求在1米62以上，而且体态比较端庄，模样长得比较好。符合要求的人也能估算出一个比例。还要估计在这些人当中，多少人愿意到航空公司工作。航空公司的优点是收入高，遍游祖国大好河山，弱点是有点孤独，风险也相对大一些。最后，还要估算有多少愿意去南方航空公司，它就是这么一点一点算出来的，最初可能算得不太准确，算多了就相对准确了。

第四节　怎样测量未来的市场需求量

(1) 测量未来市场需求量的原则有三条：分析经济形势，分析行业形势，分析企业形势。

首先要分析经济形势。经济是有周期的，要根据利率分析经济形势。利率高说明什么呢？在经济周期的高点，大家对资金的需求高。利率低呢？在经济周期的低点，大家对资金的需求低。再根据失业率。失业率高，经济周期处于低点，失业率低，经济周期处于高点。应当用变化的观点来判断未来的经济形势，在判断的基础上再来判断行业。在判断行业的基础上再判断对企业的影响是什么。

（2）刚才讲的是大的原则，在大的原则基础上还有具体的方法。具体的方法是什么呢？

①判断人们"现在说什么"。

你可以考察一下顾客说什么：将来富了你愿不愿意买农用车。再看看营销人员说什么：市场未来会需要什么样的农用车。再看看经销商、供应商、咨询公司的专家在说什么，把三部分的意见综合到一起，就形成一个比较准确的判断。为什么呢？因为顾客的意见要往下给他打折扣，顾客说话经常不负责任，我说了也不见得买，尤其在我们中国，说不买吧又怕你笑话，那就说买吧。营销人员讲的话得往上提一提，他说多了给他的定额多，影响他的收入，所以，通常报得低。那么经销商、供应商讲的话呢？对长远起作用，从眼前讲呢？不见得很准确。三方面的意见综合到一起，相对比较准确吧。

②判断人们"正在做什么"。

如果经过这样的调查了还没有把握，你先试销一下。做个样品，看看周围的反应。反应得好，大规模地推广，反应得不好，撤回来以后再推广，或者改正一下，也能增强自己的信心，做到心中有数。

③看看人们"过去已经做了什么"。

通过过去能够预见未来。我这里再讲一个例子。比如说某年长虹在北京销了10000台彩电，要估计明年9月份会销多少台彩电，它怎么算？假定彩电的销量每年递增5%，$10000 \times 105\%$就得出了明年可能销售多少。明年可能是经济周期的衰落期，那么再减10%，即：$10000 \times 105\% \times 90\%$。除以12个月，就是每个月的。根据经验,九月份是销售的旺季,临近国庆节了再增长15%。于是:10000×105%×90%÷12×115%。明年,假如说是多少周年大庆,买的人还会更多,于是再乘以115%。这样就算出来明年9月份社会可能需要多少。

第一个是分析趋势,第二个是判断周期在哪个点,第三个是分析季节,第四个是偶然事件。根据这四个指标,你就能估算出来明年是多少。《孙子兵法》讲:"多算胜,不算不胜,何况无算乎?"

④领先指标法。

每一个人在生活中都能找到自己的参照物,他干什么我也干什么。

⑤需求统计法。

一个行业干久了总是能找出影响这个行业发展的因素,并且能够算出每个因素变化多少,需求量增加多少。比如说空调。影响空调销售的主要是两大因素:一个是温度,一个是收入。温度提高一摄氏度会增加多少?收入提高1%会增加多少?通过这个来预测未来,也能算出来吧。营销人员预见未来,都是这么算出来的。

课程回顾

一、为什么要测量市场需求量

"打江山易,守江山难"。假若不对市场需求量进行有效测量,就会出现盲目决策,从而导致前功尽弃。

二、市场需求测量的基本概念

1. 市场需求量:在一定时间、一定区域、一定营销环境、一定行业营销费用下,市场对某种产品可能购买的数量。

2. 影响需求量的因素

①行业营销费用;②营销环境。

3. 潜在市场：具有购买欲望的人构成的市场。

4. 有效市场：既有购买欲望，又有购买能力的人组成的市场。

5. 有资格的有效市场：购买欲望＋购买能力＋购买资格

6. 目标市场：在有资格的有效市场中，进一步选择具体的、更细小的部分作为自己的服务对象。

三、怎样测量当前的市场需求量

1. 算术法；2. 连锁比例法。

四、怎样测量未来的市场需求量

1. 原则：分析经济形势—分析行业形势—分析企业形势

2. 方法：

①判断人们现在说什么。

②判断人们现在做什么。

③判断人们过去做了什么。

④领先指标法。

⑤需求统计法。

第四讲 目标顾客的选择

本讲主要内容

一、如何进行市场细分

二、如何在市场细分中选择目标顾客

三、在选择目标顾客的过程中应注意哪些问题

企业资源是有限的,每一个人都没有能力满足所有人的要求,你只能选择其中的一部分人加以满足。毛泽东在《中国社会各阶级的分析》中说:谁是我们的敌人?谁是我们的朋友?谁是我们的同盟军?这个问题是革命的首要问题,没有贫农便没有革命。所以最后他选择了首先在农村革命。应该说,没有农村的一个大变动,就不会有国民革命的成功。

第一节 如何进行市场细分

(一)进行市场细分的原因

1. 消费者需求的差异性

每一个人都有不同的需求,你靠一种产品,靠一种营销手段,是难以满足所有

人的需求的。社会不发展的时间，大家的需求基本是同质的。随着社会的发展，人的需求的差异性开始暴露出来。因此，大家可以看到，经济落后的地方，吃饭都是大锅饭。经济最发达的南方呢？尤其广东，都是一个一个的小碟子。为什么呢？满足你不同层次的需求。现在的自助餐是不是有很多种啊！既快又满足你不同差异化的需求。

大家可能会说了，可口可乐就一个产品啊，也没看它有什么细分啊？可口可乐的产品是不分的，但是可口可乐在包装上分吧。从包装物上看，有纸杯，有玻璃杯，从包装数量上看，有塑料瓶等多种方式。有一个人喝的，两个人喝的，现在还有三个人喝的，满足人在不同状况下的需求。因此产品的差异性可以从很多方面来进行，不要只想到产品质量上的差异性，款式、包装、颜色、功能，很多方面都能制造出差异来。

2. 竞争日趋激烈导致的

一个行业刚刚开始的时候，大家很少进入。但是，进入的多了，竞争就激烈了，差不多进入完全竞争状态。质量高、价格低，谁都不赚钱了，到这个时候大家都希望寻找一个既有发展前途，又有竞争优势的方向，这就需要市场细分了。

3. 生产者资源的有限性

因为资源有限，所以，营销者没有能力满足所有人的要求，只能满足一部分人的要求。实际上，市场细分的道理历史上就有。早在春秋战国的时候，著名的商人祖师爷范蠡就说了一句话："旱则资舟，涝则资车"。什么意思呢？大旱时要准备将来发洪水的时间所需要的物品，发洪水时要准备将来干旱时所需要的物品。为什么呢？寻找无人竞争的空间。竞争的最好办法是避免竞争，竞争的最高境界是无竞争状态。

另外一个商人的祖师爷叫白圭的说过一句话："人取我予，人弃我取"。什么意思呢？大家都想要的，大家拼命竞争的，我不去干，因为价格太低了。大家放弃的我去干，为什么呢？无人竞争的环境。当然了，有一个前提，即：虽然大家不愿干，但市场有需求。或今天没有需求，明天有需求。成功的企业家都是从一个无竞争状态到另外一个无竞争状态的人。

(二)市场细分的依据

1. 以消费者或非集团客户的细分为例来看看怎样进行市场细分

(1) 地理细分

一方水土养一方人,山川、地理、气候、人文环境的不同,造就了各地需求的差异性。这个差别就造就了不同的经济收入,就导致了人的不同的需求,就导致了你要用不同的营销手段去满足他。江苏森达在20世纪90年代初的时候,提出了一个口号:"在北方,要进名城,用名人做广告;在南方,用普通人,进普通城市,进普通商店。"

为什么有这么一个不同的营销策略?原因就是南北方需求的差异性。北方经济更落后,而经济的落后导致人们文化素质偏低,自我决断能力弱,愿意把命运靠在别人身上,靠在权威身上,因此用名人做广告,进名城市、进名商店。南方经济发达,人们的文化素质高,自我判断能力强,因此不需要名人就能自我判断。

张弓酒提出的口号是什么呢?"高档酒进城,低档酒下乡,低度酒南下。" 为什么呢?南北方城乡的差别。地理细分可以为产品生命周期的延长打下基础。比如说以电脑为例,假如说北京现在属于成长期,那可能中小城市处于发育期,这就为你的目标顾客群体的扩大打下了基础。产品先在北京、上海等大城市打市场,差不多了再进中小城市,再去县城,再去农村,再去一些落后的国家。这就是吃着碗里的、瞅着锅里的、想到田里的。看到今天的、想到明天的。

(2) 人口细分

人和人之间有很多差别,收入的差别、性别的差别、年龄的差别、文化程度的差别、民族的差别、种族的差别、家庭规模大小的差别,等等。所有这些差别,都为他的需求差异奠定了基础。

企业可以以单一因素来分,比如说可以以年龄来分。南方有一个"好孩子"集团,专门做三岁以下孩子的自行车,当然现在又扩大了,主要做儿童自行车。现在有做纸尿裤的厂家,专门只做一岁以下孩子的生意,这都是以年龄来分。现在有的服装厂家专门来做女服,专门做女鞋,是不是以性别来分?

当然生活中还可以以多因素来分。比如说我是做服装的,我是做女子服装的,我以年龄、收入、文化程度来划分目标市场。假如按年龄分高中低,文化程度分高中低,收入分高中低,可以把整个女子服装市场分成三乘三乘三,二十七个市场,从中选择我为哪些人服务,有可能我为年纪轻的,收入高的,文化程度高的白领服务。

(3)心理细分

人和人之间的性格有很多差异,有的人豪爽,有的人多疑,有的人大方,有的人吝啬,有的人文化程度高,有的人文化程度低,所有这些都将为你的客户划分成不同的种类打下基础。这叫什么呢?因人而异,见什么样的人讲什么话。

(4)行为细分

①根据人的购买产品的行为动机来分。任何产品都有淡旺季,淡旺季就可以区别对待。人们在购买产品的时间,存在着购买利益的不同。比如说现在的手表,价格很高的,上万的价格也能卖出去,这是满足人们对富贵的追求。价值很低的,四五十块钱以下的卖得也很好,满足人们对时间、方便的追求。什么样的手表最不好卖呢?高不成低不就,你能满足人们哪方面的需求?

②根据购买频率来分。有的人经常买,有的人偶尔买,能不能区别对待?

③根据购买程度的不同来分。有的人总是买我的产品,有的人今天买我的,明天买他的,是不是应该区别对待?

④根据购买阶段的不同来分。有的是老客户,什么都懂;有的是新客户,要为他做宣传。应不应该区别对待?区别对待就是市场的细分。

对于消费者市场,你可按照这上述四个方面进行细分,从而从一个市场分出无数个小市场。

2. 对于生产者、集团客户

(1)按使用者的状况分。比如说我是做轮胎的。我既为飞机生产商制造轮胎,也为小轿车生产商制造轮胎,还为拖拉机生产商制造轮胎,质量要求不一样啊!

(2)可以按经营状况来分。有的要求技术高,有的要求技术低;有的服务要求高,有的服务要求低;有的购买量大,有的购买量小。你也可以分,区别对待。

（3）按照采购方式分。有的人招标采购,有的人谈判,有的是采购员个人说了算,有的是采购经理说了算,有的组织对业务员要求严格,有的要求不严格,是不是应该区别对待？区别对待就是细分。在市场细分的基础上,就可以进行目标顾客选择了。

第二节　如何选择目标顾客

（一）选择目标市场的依据是什么呢

发展潜力/竞争优势。首先你要对细分的目标市场,进行当前的市场规模和未来的发展潜力的测量和预测,从而确定这个细分市场有没有发展潜力,值不值得做。其次,还应分析有没有竞争优势。分析竞争优势就是两个步骤:有没有能力做好？我能不能长期做好？在考虑你有没有长期的竞争优势的时间,即,能不能长期赚到钱的时间,要考虑五大力量:供应商、经销商、潜在竞争者、现实竞争者和替代竞争者。

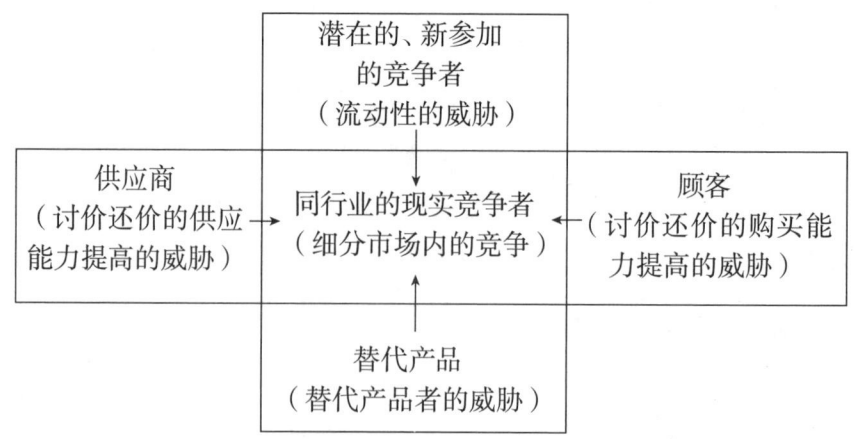

决定细分市场结构吸引力的五种力量

首先要考虑供应商,如果供应商讨价还价的能力太强,挣来的钱基本都让他赚去了,你还能不能赚到钱啊?另外还要考虑到经销商,如果经销商的讨价还价能力太强,赚来的钱让他赚去了,这个市场有没有吸引力?上世纪90年代的家电市场为什么打得那么激烈?上游的供应方面有彩管联盟,下游的销售方面有强大的商业巨无霸,国美、苏宁、三联等,力量很强。

然后考虑现实的竞争者。如果现实竞争很激烈,供过于求,那么说明这个市场吸引力不够强。但是如果这个市场有明显的弱点,也未必不可取。比如说TCL,就是在家电市场打得最激烈的时候,发现了一个市场,即29英寸市场。于是强行进入这个领域并获得成功。还有潜在的竞争者。只要你干好了,后面一定有人来干,你得琢磨:我应该怎么来提高我的竞争优势。解放军打仗,一旦打下了一块阵地,都要加固工事。目的是防止别人即将到来的进攻。

最后,考虑替代竞争者。产品不一样,但功能相同,也能构成对你的威胁。大家要综合考虑这几个方面,看一看这个市场有没有吸引力,值不值得你投入,值不值得你长期投入。

(二)目标市场选择的三种方式

1. 无差异营销

所谓无差异营销就是靠一种产品,靠一个营销组合,满足这个市场的所有的人或绝大多数人的需求。无差异营销的代表是美国的福特汽车。就做一个颜色的T形车,不断地降低价格。无差异营销的优点是价格低,能够普及市场,能够扩大市场。

弱点是不能满足不同人的不同需求。它适应什么状态?当人们对市场,对价格敏感的时候,这个方法是可以的。一旦人们普遍买得起这种产品了,人们对价格不敏感了,无差异营销就行不通了。因此美国的福特汽车在1927年之后就开始连年亏损,这时,一个竞争对手崛起了,那就是通用公司。通用做好多种类的汽车,满足不同人的不同的需求。

2. 差异营销

差异营销就是在市场细分的市场上，选择几个市场作为我的目标市场，分门别类地生产他们需要的产品，还要制定不同种类的营销组合，满足他们的不同的需求。

差异营销的优点是能够满足不同人的不同需求。弱点是价格高，成本高，开发成本高，生产成本高，广告成本高，储藏运输成本高。因为什么呢？不同的设计，不同的生产线，它特别适应人们对价格不敏感的情况下。一旦经济到达低潮期，人们的经济收入不高了，人们对价格敏感了，差异营销就向无差异营销回归。这时，应该砍掉几条生产线，只生产一两种产品，力求满足不同人的不同需求。

3. 集中营销

集中营销就是只选择其中的一个市场，或者选择这个市场的一部分，生产他们所需要的产品，采用最适合他们的营销组合。娃哈哈做口服液的时候采用的就是最典型的集中营销。集中营销特别适合于中小企业，但不是所有的中小企业都能成功的，它对企业领导人和营销人员的智力提出了强烈的挑战。为什么呢？假如差异营销是把所有的鸡蛋放到不同的篮子里，分散风险的话，那么集中营销就是把所有的鸡蛋放在一个篮子里，一荣俱荣，一损俱损。现在的海尔、长虹，过去都是小企业啊，它们怎么做成大企业的？就是依靠两三个这样决策的成功，一下子拉开了跟别人的差距，它们也是由小到大的。

集中营销的弱点是风险太大。因此一旦集中营销成功了，便向其他的方向转移，做到分散风险。因而无差异营销、差异营销、集中营销是相互转换的，各有各存在的条件。

目标顾客选择的条件是什么呢？

一是看资源。如果你特别有资源，你就做差异营销。没有资源，你就做无差异营销或集中营销。

二是看竞争状况。如果竞争对手是差异营销，那你最好是比他更差异的差异营销和集中营销，如果竞争对手是无差异营销，那你最好是做差异营销。

三是看产品的情况。如果产品能分，你就做差异营销。如果产品根本不具有可分性呢？你只好做无差异营销。

四是看市场的情况。在市场是同质的情况下，在市场是统一的需求的情况下，假如说对价格普遍敏感，你就做无差异营销。在市场是非同质，对价格不敏感的情况下，你只能做差异营销或者是集中营销。

第三节　目标顾客选择过程中应注意的问题

1. 目标顾客的选择是一个运动的状态

为什么呢？目标顾客来自潜在市场，来自有效市场，来自于有资格的有效市场，最后是目标顾客。随着人们生活水平的提高，有效市场越来越大，目标顾客的群体也越来越大。这意味着目标顾客当前是为这群人服务，明天将为更大的群体服务，他们的需求是不一样的。因此营销组合，营销手段也是不一样的。

2. 超市场细分

公司在若干个要服务的细分市场中进行选择时，应该密切注意在成本、经营管理或技术方面的细分相互关系。由于细分市场大大增加了产品的成本（包括设计成本、生产成本、销售成本等），为降低成本，有必要将这几个细分市场中的共同点结合起来，以生产一种为这几个细分市场共同需要的产品，这样就做到了在最大限度节省成本的前提下，最大可能地销售产品，这就是超级市场细分。在某种程度上，超级市场细分也可以说是差异营销向无差异营销的回归。

例如，家电巨子菲利浦的战略是在全球不同国家开展差异化营销，结果增加很多成本（设计、广告等），效果还不好。反观日本家电企业，它们进行超级市场细分，即在全球设几个设计中心，将各地区顾客需求的共同点集合起来，生产和销售一种为各种消费者共同喜爱的产品，并集中做广告，结果不但成本大大降低了，而且由于协作效应的发挥，销售效果也很好。日本家电企业全球几大设计中心之间也互相联系，加强沟通，不但大幅度降低了设计成本，而且还大大延长了产品的生命周期。

3. 目标市场的进入程序

我选择做差异营销，准备做四个市场，不见得同时进入啊。我可能先进入一个，成功了再进入另外一个……在进入的时间上是不是要保密啊。如果竞争对手知道了呢？那就会给你设置障碍。日本汽车进入美国市场，是从小轿车开始的，从美国人不愿意坐的小汽车开始的。美国人被麻痹了，结果日本人一举成功了，接着进攻下一个中档、高档市场。日本的目标是什么呢？进入全美国市场，生产全美国市场所需要的多种类的产品。

课程回顾

一、如何进行市场细分

（一）为什么要进行市场细分

1. 消费者需求的差异性。
2. 竞争的激烈性。
3. 生产者资源的有限性。

（二）市场细分的依据

1. 消费者市场

（1）地理细分。

（2）人口细分。

（3）心理细分。

（4）行为细分。

2. 组织市场

（1）使用状况。

（2）经营状况。

（3）采购方式。

二、目标顾客的选择

（一）依据：发展潜力/竞争优势

（二）目标市场选择方式

1. 无差异营销。

2. 差异营销。

3. 集中营销。

三、目标顾客选择过程中应注意的问题

1. 动态过程。

2. 超市场细分。

3. 目标市场的进入程序。

第五讲
市场定位
——如何在设计中奠定竞争优势的基础

本讲主要内容

一、何为市场定位

二、如何制造差别化

三、制定定位的策略

中国有句话叫"思路决定出路",即在产品没有生产出来上市之前,就设计好从哪些方面发挥竞争优势,如何在具体的产品上体现出这些竞争优势。

第一节　何为市场定位

中国家电业在20世纪90年代以及21世纪初,有三大企业,长虹、海尔、海信。这三大企业对外宣传的重点都不一样,在消费者心目中形成的形象也不一样。长虹,是以成本低廉取胜。海尔,以管理取胜。海信,以技术取胜。这三大企业在消费者心目中形成了非常深刻的印象,一个是高科技制胜的典范,一个是管理制胜的典范,一个是充分发挥成本优势的典范。

为什么做的产品都是差不多的,而对外宣传的重点不一样,在消费者心目中形成的形象不一样?首先分析影响家电需求的因素:成本、服务、管理、技术,还有其他方面的因素。在这几个方面,就需要比较了。

长虹在成本上最占优势。为什么呢?它在西部地区,劳动力价格便宜,土地价格便宜,环保成本也低,另外它是国家军转民的企业,国家本来就有一定的优惠政策。最重要的是它是中国最大的彩电生产基地,这本身就导致它的成本低。当时,社会对价格很敏感,因此长虹千方百计地在成本方面制造优势。

海尔、海信在成本上是没法跟长虹相比的。因为青岛地区劳动力成本高,土地成本高,环保成本高。但是劳动力成本高也带来一个优势,即人的素质高,一般工人都是高中以上文化程度。工人的素质高,管理人员的素质高。沿海地区就能招聘到优秀的大学生,因此管理的素质高,服务的素质高。又是沿海地区,得到外国的技术比较容易。另外青岛历史上作为德国和日本的殖民地,它跟这两个国家比别的地区更有一个历史的渊源关系,所以,青岛的企业,技术重点来自德国、日本。别的企业都打价格战,青岛的企业包括澳柯玛,包括海信、海尔没有打价格战的。为什么?打价格战它打不过对方。海尔老总张瑞敏有一句话:要打价值战不打价格战。因此来讲,青岛海尔、海信都不从成本上做文章,而从管理、技术,或者服务上做文章。但是这两家企业选择的发挥竞争优势的途径还不一样。海尔选择了管理,海信选择了高科技。

为什么两家又有这些差别呢?我认为这与两家老总的个人背景有关系。海尔的老总张瑞敏很早便在社会上奔波,从工人一直干到了总经理,后来是中国科技大学的MBA。所以,他比一般人在管理上更为精通,更为到位。早到20世纪90年代中期,张瑞敏就说过一句话:一个单位的人想当官不怕,想挣钱也不怕,想出人头地也不怕。为什么呢?这是人的正常的需求。但是别的一些单位领导呢?觉着必须抵制。但张瑞敏承认人的需求的合理性,将它引导到和组织的目标相结合的方面,所以海尔从管理方面调动人的积极性,发挥竞争优势。

海信的老总周厚健是山东大学刚刚打倒"四人帮"后的第一届大学生,学电子的。所以他对技术的发展、变化很敏感。技术也能提高质量,降低成本,所以海信从科学技术的优势出发,从技术方面发挥竞争优势。海信很早就在科技人员中搞技术特区,给科技人员像外企一样的待遇,在中国的家电业被称为一匹黑马。

所以大家看三大家电企业,发挥竞争优势的途径各不相同,因此对外宣传的重点也不相同,同时造成人们心目中对三家企业的与众不同的形象,这就大大降低了他们在购买产品上的寻找成本、判断成本。

什么是市场定位呢?就是在已经选择的目标市场上为了抗衡竞争对手,有意识地确立竞争优势,树立与众不同的社会形象的过程。

定位的本质是什么呢?是确立竞争优势。外在表现是什么呢?树立与众不同的社会形象。

那我们说与众不同的社会形象来自什么呢?来自既有发展潜力又有竞争优势的那个差别,按照发展潜力/竞争优势两个原则的结合来确定你选择哪个差别。那么差别又是哪里来的呢?差别是有意识地制造出来的,因此我们把它称为差别化。

第二节　如何制造差别化

顾客的需求主要来自四个方面:有形产品、服务、形象和工作人员。因此制造差别也只有顺应消费者的需求,从这四个方面制造差别。

1. 在有形产品上如何制造差别

(1)特征

什么是特征?在产品基本功能的基础上,又加进了一些有特色的东西,就被称为特征。比如说我们说手表基本功能都是差不多的,日本开发了一种穆斯林手表,就有一个特点,有一个指针老是朝着圣地麦加,它就是加进了一点小变化,就使得市场的销售量大大增加。日本是世界上最会制造特征的典范。美国的技术,日本吃透了之后,加进了几个有特色的东西,马上变得与众不同。美国的技术,往往在日本开花结果。

怎样制造与众不同的特征呢?

第一,你得对消费者进行调查,发现消费者已经满足了什么?未满足的是什么?为这个未满足他愿意加几个特征?这几个特征的排序是什么?为这几个特征他愿意花多少钱来购买?

第二,对生产这些特征进行成本和收益分析,然后和消费者愿意花费的价钱相比较,从而确定你制造哪个特征。

第三,还要进一步考虑,这几个特征的难模仿程度如何,最好是不容易模仿。做这几个特征花费多长时间?最好是花费时间越少越好。

第四,考虑这几个特征一旦建立上去,会不会破坏整体的协调?在这个基础上再确定你对你的产品加几个特征,加什么特征。

(2) 性能

性能是从质量的角度来讲的,质量有好的,有差的,也能表现出差异。一般来讲,提高质量是好的,但是在生活中也不全是。假如说提高质量能带来更大的利润,那你就提高质量。假如说消费者对质量已经认可了,那就保持质量。还有一种是降低质量,降低质量从长远来讲是不可取的,是自杀政策。

(3) 一致性

即说明书所表达的和实际做的是不是相一致。越一致消费者越认可,越不一致消费者越不认可。

(4) 耐用性——产品的寿命

一般来讲,产品的寿命越长越好,越短越不好。但是社会是变化的,未必一定是提高产品的耐用性。比如说服装,现在特别是在城里,很少有人把一件服装穿坏。在这种情况下,你对服装那么强调耐用性,没有太大意思吧!

(5) 可靠性

即产品出事故的概率如何。一般来讲,产品出事故的概率越低越好,越高越不好。

(6) 易修理性

再怎么好的产品也会有问题,万一出个什么问题能不能快速修理?海尔在20世纪90年代初靠什么奠定了在全国的领导地位?售后服务。谁也不敢保证谁的产品不出问题,那么产品出了问题能不能快速地修理,就是企业和别的企业的差别所在。

(7) 风格

风格就是指款式。款式有的新,有的旧,也能制造出差别来。

(8) 设计

设计就是将以上几个因素按一定的比例协调在一起的过程。很多企业的老板讲,设计人员不计成本,结果设计的产品消费者承受不了。设计人员也有他的牢骚,你(老板)来要求我设计的档次这么高,但是研发费用又低,我怎么办?其实,有解决的办法。

首先,设计人员要按照顾客的要求计算在产品特色、性能、一致性、可靠性、易修理性、式样等方面的总投资额是多少;其次,在分析顾客愿意付出的价格和考虑公司获利的基础上,遵循"形式决定于功能"的原则,对顾客的某些期望特征进行折中,目的是最大限度地让顾客满意(在成本的约束下)的情况下,使公司获利。这在很大程度上取决于目标市场如何接受不同的利益和成本以及对它们的重视程度。

2. 在服务方面如何做到差别化

(1) 送货。有没有送货是一个差别。送货还有送货的快慢,还有送货的准确性如何,也能制造出差别。

(2) 安装。有没有安装,安装的质量好坏,安装的速度快慢,也能制造出差别。

(3) 顾客培训。尤其是复杂的产品有没有顾客培训?培训的质量如何?培训者的态度如何?也能制造出差别。

(4) 咨询。有没有售前、售中、售后咨询?咨询的质量如何?都能给消费者制造出一系列的差别来。

3. 工作人员如何做到差异化

(1) 能力的差别。

(2) 礼貌的差别。

(3) 可信度如何。可信度就是对企业的忠诚度。

(4) 可靠性。消费者觉得他是否值得信赖。

(5) 敏感性。有的人更能感受到顾客的需求,有的人感受不到。

(6) 可交流性。有的人善于和客户交流,有的人不善于。

4. 形象如何做到差别化

（1）个性与形象。成功的品牌个性是公司有意识创造的结果。创造个性的工具有名称、标识、标语、标志、环境、赞助的各种活动项目等。例如，像"海尔真诚到永远"这条信息，要通过产品标志、书面与听觉—视觉媒体、环境等各种途径来表达。

（2）标志。一个强烈的形象包括一个或几个能够识别公司或品牌的标志，这个记号或标志应被设计得能被人立刻认出。例如，万宝路的"牛仔形象"，青岛海尔集团的两个中外小孩，麦当劳的金黄色双拱等。

进一步的标志还有颜色、特定的声响或音乐。公司宣传口号也可用于表现一定的形象。

（3）书面与听觉—视觉媒体。在公司或品牌个性的广告宣传中，选定的标志广告要能传播与众不同的信息：一条消息、一种情感、一定质量水平。消息还应在其他的出版物上反复出现，如年度报告、宣传手册和目录等。公司的信笺和商业卡上也可设计公司所宣传的形象。

（4）环境。生产或运送产品或服务的有形空间，比如厂（店）内环境、运输车辆、售后服务车辆、产品展示等正式成为另一种有力的形象宣传工具。

（5）活动项目。公司可通过它所赞助的活动项目的类型来塑造个性。比如百事可乐公司通过赞助中国人最关心的足球和教育事业等，大大发展了在中国的市场。

第三节　制定定位的策略

（一）从差异化到定位

在众多的差别当中，到底选择哪一种差别来确立发挥竞争优势的途径呢？按照既有发展潜力又有竞争优势的原则，首先这个差别一定是消费者需求的，其次一定是我能长期保证得了的。具体来讲有七个条件。

（1）重要性。就是在众多的差别当中，这个差别最能给消费者带来最大的价值。

（2）明晰性。这个差别是别的企业所没有的，或者虽然有，别的企业不能长期坚持的，我能长期坚持下去，消费者很快就能明白我。

（3）优越性。给消费者带来同样的收益，但是它的成本更低。

（4）可沟通性。消费者能明显地感受到你的差别，而感受不到别的差别。可沟通性也叫易交流性。

（5）可支付性。消费者能买得起。

（6）可盈利性。企业能赚到钱。

（7）不易模仿性。

（二）企业应该寻求几个差别做重点宣传

一般来讲寻求一个差别为好。为什么呢？消费者的脑容量是一定的，大家记不住那么多，只能记住第一或者唯一，或者第一流，两个差别、三个差别往往记不住。假如一个差别不够，你就得再制造一个差别重点宣传。

北京大学过去老是宣传自己是全中国新思想的发源地，全国人民就觉得北大文科最好，但是没有人觉得他理科也是最好的，都觉得清华理科最好。其实，清华的工科是全国第一。但是理科呢？数理化肯定是北大第一了。所以，北大现在不仅宣传他的文科，还宣传他的理科，理科我也是最好的，让人们能感受到他的突出的价值。一般来讲不要超过三个差别，实在没有办法才超过三个。比如说宝洁有一种牙膏，宣传有三种功能：什么口味清新了，什么防止牙被咬了，什么还有其他增白的功能。怎么表明你有三个功能？一挤有三种颜色，让别人觉得它有三个功能。

（三）定位策略

一般来讲有三种。

1. 产品定位术

从产品的自身来定位。

（1）属性定位。如，我是最小的摄像机，我是全国什么什么最大的生产基地。

（2）利益定位。"昂立一号"清除体内垃圾，"喜临门"酒特别适合在喜庆场合喝。

（3）使用者定位。"劳力士"手表，成功者的选择。"奔驰"汽车，成功者的选择。

（4）质量性能价格比定位。最初联想的广告是怎么做的？洋酒的质量二锅头的价格，让别人感到质量挺好，价格一般。

2. 市场定位术

（1）第一定位术。我是第一，我是唯一，我是第一流。

（2）强化定位术。即在消费者心目中强化自己的地位，有利于突出个性。

（3）集团定位术。即定位于某一集团，以提高自身的位置。如美国克莱斯勒公司号称美国三大汽车公司之一。

3. 竞争定位术

（1）避强定位。你在城市做，我就跑到农村去，我跟你不发生冲突，麻痹你，让你不打击我，以便我从容地成长。它的前提是企业不具备和别人较量的实力。

（2）迎头定位。你在城市做，我也在城市做。比如说娃哈哈的非常可乐对抗可口可乐和百事可乐，就采用这个方法。它的前提是我具有对抗你的实力，你三拳两脚打不倒我，在这种情况下它就成功了，借助强大者的声名把自己带起来。

（四）定位沟通

所谓定位沟通就是企业通过宣传自己的竞争优势，在消费者心目中树立与众不同的形象。高档产品为什么得用高档包装？让别人感受到它是高档产品。最初买冰箱的人，特别在乎冰箱的质量。他通过什么来感受冰箱的质量？经常甩冰箱的门，时间长了，销售人员也看出来了，猛甩冰箱的门，让别人感到我的冰箱是多么牢靠。树立高质量的形象，就不能经常降价，经常降价把自己的品牌形象就破坏了。

20世纪90年代，我在北大历史系工作时，西南门外有一家饭店。这个饭店是北大一考古系女研究生的丈夫开的,因为妻子是北大的研究生,那么丈夫爱屋及乌的结果自然也非常喜欢北大。他开了这个饭店,对北大老师、学生特别优惠,而且免费上四盘小凉菜。当时北大师生的收入不高,大家对这个四盘凉菜特别在意,而且只要拿着学生证、工作证就给你15%的优惠,大家都很高兴,一传十,十传百,大家都来吃饭。别的饭店没人吃饭,他的饭店排队。后来他觉得自己的市场地位巩固了,另,前期投入也挺大,他想缓解一下投资的压力,于是决定要降低成本。降低成本也不要紧,你要在消费者感受不到的地方降,可他却偏偏在消费者能感受到的地方降,偏偏把这四盘凉菜拿走了,另外饭菜量也减少了。大家一看就不高兴了,不高兴了那就对外人讲啊,于是,大家对他不感兴趣了。他一看不好,又恢复了,大家又来了。过了一段时间,又把这四个小菜撤销了,大家就再也不相信他了。最后这家饭馆也开不下去了,盘给了别人。这告诉我们什么呢?树立稳定的形象的重要性。

课程回顾

一、何为市场定位

在已经选择的目标市场上,为了抗衡竞争对手有意识地确立竞争优势,树立与众不同的社会形象的过程。

二、如何制造差别化

1. 有形产品差别化所要考虑的因素

(1)特征;(2)性能;(3)一致性;(4)耐用性;(5)可靠性;(6)易修理性;(7)风格;(8)设计。

2. 服务差别化所要考虑的因素

(1)送货;(2)安装;(3)培训;(4)咨询。

3. 工作人员差别化所要考虑的因素

（1）能力；（2）礼貌；（3）可信度；（4）可靠性；（5）敏感性；（6）可交流性。

4. 形象差别化所要考虑的因素

（1）个性与形象；（2）标志；（3）书面与听觉—视觉媒体；（4）环境；（5）活动项目。

三、制定定位策略

（一）从差异化到定位的七个条件

（1）重要性；（2）明晰性；（3）优越性；（4）可沟通性；（5）可支付性；（6）可盈利性；（7）不易模仿性。

（二）推出何种差异

通常以一种为宜。

（三）定位策略

1. 产品宣传术：属性定位、利益定位、使用者定位、质量性能价格比定位。

2. 市场定位术：强化定位、集团定位、第一定位。

3. 竞争定位术：避强定位、迎头定位。

（四）定位沟通

企业通过定位自己的竞争优势，在消费者心目中树立与众不同的形象。

第六讲 产品策略一
——新产品的开发和初期的销售

本讲主要内容

一、关于产品的几个问题

二、新产品开发

三、新产品初期销售

第一节 有关产品的几个问题

1. 什么叫产品

在营销学意义上,凡是给消费者带来满足和享受的任何东西即为产品。产品的本质是为消费者带来满足和享受,换句话讲,消费者追求的是享受和满足,而不是产品本身。营销是在合适的时间、合适的地点,将合适的产品送给合适的人。

2. 产品的分类

根据形状的不同,产品可分为无形产品和有形产品。山东双力的农用车是有形产品,它能给消费者带来不同程度的享受。双力的形象,双力的工作人员的劳动,以及他的素质,他的工作态度,他的工作质量,给大家带来的满足叫无形产品。这个无形产品有利于大家提高对双力农用车、拖拉机的评价，从而有利于产品的销售。因此，大家一定要明白，产品的开发不仅包含有形产品的开发，也包含无形新产品的开发，是两个方面的结合。

3. 产品是有周期的

消费者的需求是多变的，这导致任何产品都有一个生命周期。因此，企业一定要明白，只有不断地开发新产品，才能适应消费者变化的需求，才能做一个企业经营上的常青树。

为什么好小伙未必找到好姑娘？为什么好姑娘未必找到好小伙？我们经常讲，他们心太高了，站在这山看着那山高，对自己、对他人没有正确的评价，更为重要的是没有考虑到任何产品都有时间性。再漂亮的容貌，随着时间的延迟都会衰老的。你不在最好的时间将自己交换出去，后期就难以交换了。硬要交换也行，只能降低价格。因此，我们才说抓住机遇迎头赶上，这句话不仅仅用在产品的销售中，它在生活的所有方面都有体现。

4. 产品是经典性和变化性的统一

麦当劳这种产品，在有形产品上已是经典之作，它很难改变了，只能通过无形产品的创新来提高大家的评价。现在的手机、电脑，还处于不断地创新当中，还没有达到成熟的地步。因此，这些企业既要在有形的产品上开发，还要在无形的产品上做开发。

5. 标准化产品和非标准化的产品

像螺丝帽这种产品就属于标准化的产品，这种产品怎么销售？比成本，比尽可能地广设销售地点，让消费者在方便的地点购买。服装是非标准化的产品，能制造出很多差异来。这种产品更多地是在款式、在其他方面上做文章，以赢得消费者的信赖。因此，我们说企业不了解产品的特点，不了解购买你产品的消费者的需求，以及所引起的消费者购买行为上的特点，就不能正确地将自己的产品销售出去。

第二节 新产品开发

（一）什么是新产品？

凡是能给消费者带来新的享受和满足的任何东西都为新产品。它既包含有形的新产品，也包含无形的新产品。因此新产品的开发，是两个方面的共同的开发。像海尔的售后服务就是无形产品的开发。海尔就是靠这个奠定了它在家电业的领导地位。

从有形的角度来说，新产品主要分为两个大类。

1. 从未出现过的新产品，也叫创新型的新产品

比如说第一个发明空调的，就是创新型的新产品。

2. 现有产品的改进

比如，我把空调不断地更新换代，不断地增加新的属性，使消费者更高兴，这也是一种新产品。从这个角度上讲，人人都能开发新产品。

现有产品的改进包括哪些呢？

（1）现有产品的改良

比如说电视机，从黑白电视机向彩电发展，向等离子彩电发展，向背投彩电发展，就属于现有产品的改良。

（2）现有产品的系列化

比如说在美国，一部电影一旦打响，它往往很快就出版小说，精装本的小说，简装本的小说，出版连环画，制造各种玩具，设计各种服装，这就叫产品的系列化。有什么好处呢？既能最大限度地满足消费者的需求，还不给竞争对手以可乘之机，借势巩固自己的竞争地位。

（3）仿制的新产品

如，某产品在美国属于旧产品了，但在中国还没有。你能把它引到中国来，就是新产品。

(4) 组合型的新产品

原来的VCD组合音响和电视机是分开的,那么现在把它们连在一起,就是一个新产品。

(5) 老产品的重新恢复或改良后的重新使用

比如说孔子的《论语》是老产品,两千年前就有。今天来重新出版,照样能让人们得到享受和满足,你能说它不是个新产品?老产品经过改良后的重新使用也属于新产品。改革开放三十多年来,中国人民不怎么穿"唐装"了,但是在21世纪初,它们又恢复了,你能说它不是个新产品?

(6) 给现有产品寻找新的功能

即产品没变,但是随着社会的发展,我可以给它增加新的功能。比如,尼龙本来是做尼龙袋子的,后来发现还能做降落伞,还能做尼龙袜子,还能做地毯,还能做衬衣,不断增加新的功能,你能说它不是个新产品?只要能给人带来新的满足、新的享受就是一个新产品。

(二) 开发新产品的办法

开发新产品的办法主要有两个:

(1) 购买新产品的专利,专有技术,或者是拥有新产品的企业。它适合于发展中的企业,适合于规模还比较小的企业。为什么呢?因为自主开发的成本太高了,购买别人现成的东西,不是更容易嘛!

(2) 开发,带有自主开发的性质。它有三个层次:一是自行开发;二是与研究机构合作开发;三是与竞争对手联合开发。比如说海尔跟三洋合作,海尔跟松下合作,这就叫跟竞争对手联合合作,双方各取所需。

一般来讲,对于落后企业和发展中国家的企业,更适合购买模仿的办法,能够大大节省成本。但是随着你不断地发展壮大,你跟先进者的差距越来越小,你就不得不从购买模仿,向自主创新的方向发展。不然一旦到了你无法继续追随,无法继续模仿别人的时间,你没有培养起自主开发的能力,你将损失惨重。这方面的教训太多太多了,如松下在日本被称为模仿公司,但后来遇到了很大的难关,就是因为这个问题。

(三) 开发新产品的风险

(1) 按照国外的研究,开发消费品失败率的风险在百分之四十以上,开发工业品的失败率在百分之二十以上,开发新产品的失败率是相当高的。要把新产品开发出来,再把它推向市场,需要付出很大的辛苦。开发新产品的风险主要体现在哪些方面呢?

第一,对市场的需求预测不见得那么准确。有的时间只是预测准确,等你开发出来市场的方向变了。

第二,对开发工作的预算不准确。比如,原来预算需要五千万的资金,但开发时发现难度越来越大,需要不断地追加资金,这很有可能会把一个企业套牢。

第三,产品开发出来以后把宣传重点说错了。比如说美国有一家公司,曾经开发了一种减肥香皂,对外打的广告词是健康,后来推广不出去。经过大量的调查研究,发现人们要风度不要温度,更追求美丽,你看耽误多少时间?

第四,竞争对手模仿的时间太快。如,你费九牛二虎之力开发的新产品,还没把钱赚回来,竞争对手迅速插进来等。

(2) 通过对古今中外新产品开发的研究可以看出,成功开发新产品的条件主要是三个:

第一,产品属性的明显的优越性。比如说VCD就是超过录音机,产品属性具有明显的优越性。

第二,清晰的产品概念。就是能用消费者的语言把产品的特征明确地表达出来。这意味着你对消费者的需求应达到相当熟悉的程度。

第三,技术跟营销的协调。在这里我讲个海信的例子。海信的技术中心内部还成立了一个市场部,市场部一方面自己搞调查研究,一方面跟海信总公司的市场部联系。为什么呢?因为搞营销的人不懂技术,搞技术的人不懂市场,技术中心市场部的任务是判断市场的需求,哪个有前途,然后进行立项。通过这个技术中心的市场部作为联系技术和营销的桥梁。

（四）新产品开发的程序

（1）构思

新产品的构思来源于哪里呢？来自于消费者，来自于经销商、供应商，来自于企业的员工，来自于技术人员，来自于领导，来自于竞争者。换句话讲，没有调查研究没有发言权，一切从实际出发，你才能得到关于新产品开发的越来越多的构思，然后才能从众多的构思当中，选择既有发展潜力又有竞争优势的构思。日本三洋为了开发新产品，每个月都要找一批家庭主妇开座谈会，让家庭主妇谈她对产品的看法，看需要拥有什么样的新产品，你可以信口开河，在你的信口开河当中，包含着对未来新产品的建议，它就是这样从消费者当中得到信息来开发新产品的。

（2）对新产品构思进行筛选

按照既有发展潜力又有竞争优势的原则进行筛选，在筛选的过程中经常出现两大问题：一是误舍，二是误用。什么是误舍呢？就是把不该舍弃的舍去了。什么叫误用呢？就是把应该放弃的拿进来了。很多企业的一些好的构思暂且未能开发就被别的企业借鉴了，这些都是企业伤心的事。应该怎么做呢？把我们的构思放在电脑里边，就是不用的也放到电脑里边，过一段时间再看看，说不定有一些新的构思就在里边。

（3）形成产品概念

用消费者的语言明确地表达产品的特征，产品的价格，产品的广告、宣传，和产品的销售地点。

（4）制定营销战略

思考的问题有：眼前的市场规模多大，未来的市场规模多大，眼前我应该怎样销售，未来怎样销售，需要付出多少成本。在这里特别讲一点，产品的重复购买率不一样，有的是不断地重复购买，比如开饭店，老百姓吃了上顿吃下顿。有的产品则是顾客好久才买一次，比如说冰箱、彩电，买了一台后，八年内不换第二台。因此，饭店可以在当地经营，像山东双力农用车，由于购买频率较低，只好向国外去，向广大的地区去开拓新市场。

（5）商业分析

在营销战略的基础上进行长期的成本和收益的分析，确定值不值得干，能不能得到更多的利润，如果不值得就舍弃。

（6）研究试制

假如觉得可行，那就把新产品开发出来。

（7）市场试销

把新产品开发出来之后，要拿到市场上去，看一看大家反应如何，根据市场的反应来调整，如果反应好，那就大批投产，正式上市。

第三节　新产品初期的销售

销售新产品主要有以下几个问题：

1. 要考虑新产品的最初购买者

市场可以分潜在市场、有效市场、有资格的有效市场、目标市场。最初你的目标顾客群是很少的，但后来会逐步地扩大，你要把新产品销出去，你就必须寻找购买新产品的人。大家请看这个图：

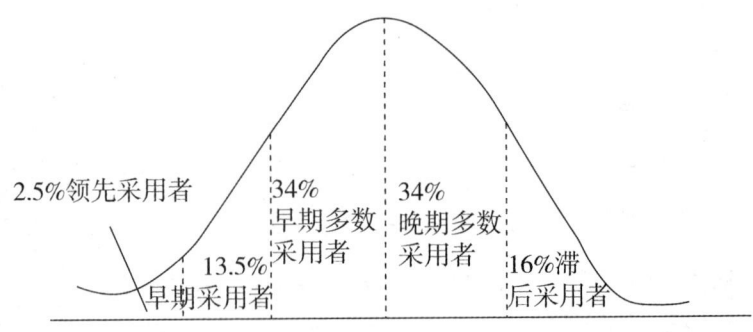

群众的眼睛是雪亮的。人和人在认识上是有差别的。有人先认识到，有人后认

识到，有人最后认识到，这就是美国营销学家罗杰斯总结的消费某一个产品的目标顾客群体步步扩大的过程。最初购买产品的人占整个目标顾客群的2.5%，他们被称为领先采用者。他们的特征是对新事物很敏感，有购买力，有冒险精神。新产品总是质量相对低，价格相对高，购买新产品的人总是要有一定损失的，没有一定胆量的人不会购买新产品。假如说2.5%的领先采用者使用得好，接着13.5%的人就会响应，他们被称为早期使用者。他们的特征是对新事物敏感，有购买力，但是比较谨慎：你用好了我才用，你用不好我决不买。他们被称为"舆论领袖"。如果他们用得好，接着就是34%的人开始采用，这叫早期多数采用者。他们的特点是对新事物比较敏感，也有一定的购买能力，但是深思熟虑，总是没有风险了我才购买。他们用得好的话，接着又有34%的人开始购买，他们被称为晚期多数使用者。他们的特点就是顺大流，大家都买我才买，显得比较落后。有16%的人最后购买，他们被称为最后使用者。什么特点呢？等他们采用新产品的时候，这个产品已经不是新产品，是老产品了。这就是一个目标顾客群体逐步扩大的过程，在扩大的过程中他们的需求特征会改变，因此企业的营销组合也应该做相应的改变。

2. 选择销售的时机

有三种办法：

第一是先行上市。我带头销售，好处是什么呢？占领市场的制高点。弱点是什么呢？教育市场的工作太大，有可能被别人以逸待劳，最后把我打下去，成为革命"先烈"。

第二是平行上市。和竞争对手联合开发市场，共同承担风险，共同分享利润。

第三，推迟上市。就是等别人先上市，等别人把艰苦的教育工作完成了，我后边跟着沾光，VCD市场的爱多打万燕就是这个特征。

3. 选择上市的地点

要按照既有发展潜力又有竞争优势的原则来选择上市的地点。什么叫发展潜力呢？当前的市场规模可能不大，但未来的需求比较大，另外还能影响周边的地区。什么叫竞争优势呢？和竞争对手相比，竞争优势比较明显。另外还能麻痹比较强大的竞争对手，他不打击我，我在这里就成功了。

4. 选择上市的促销方式

怎么做广告？怎样让别人把这个市场启动起来？有两种办法。一种是直接促销。做广告，做宣传，做艰苦的教育市场的工作。还有一种是培育自己的客户。培育市场，他们崛起了，对我的产品需求量就大了。比如说中科院曾经开发了一个产品，这个产品的未来市场前景是比较大的，但当时还不大，他们就跟烟台的一个大客户建立股份制公司联合开发。一旦赚钱了，周围的人纷纷模仿，一旦有人模仿了，市场成熟了，我的产品是不是销出去了？

另外，在促销的过程中要学会利用人际关系的力量。中国人有强烈的面子观念，因此，要借用人际关系的力量，尤其是复杂产品的购买风险大，产品的购买价值较高，更要善于运用人际关系的力量，像滚雪球一样向前发展。

5. 新产品自身的优势程度对产品的推广也有强烈的影响

第一，产品的功能是不是比以前的优越？产品的功能越优销得越快。

第二，推出的适应性。推出的时间合不合适，推出的早了没用，推出的晚了也没用，像海尔销售的小小神童洗衣机，一旦推出，市场马上响应，就要推出的合适。

第三，看产品的复杂度。产品越简单越好，越简单越方便。像傻瓜相机，什么样的人都会使用，你再做个傻瓜电脑更便于推广。

第四，易交流性。服装为什么有服装模特？就是因为服装模特通过自己演示服装向大家宣传产品的用处。为什么电视购物容易推广？在电视上通过演示，让大家感受到这个产品。

第五，可分隔性。产品的价值太高我买不起，怎么办？能不能分期付款？能不能出租一段时间？能不能小包装出售？比如说一盒香烟买不起，你能不能拆开来论支销售？英美烟草公司在中国的时间，就是论支销售，这个市场打开了。

当一个新产品迟迟打不开市场的时间怎么办？重新组织，改变包装，重新宣传。比如说上海有一家公司开发了一个小区的房子，怎么也推广不出去。后来就把名字改变了，叫上海银座，不是有个东京银座吗？因为日本到上海的人比较多，大家一听银座名字特别响亮，把周围的包装再变一变，很快就销出去了。这叫什么呢？在不间断的挫折中不断改进工作，将产品销售出去。

课程回顾

一、关于产品的几个问题

1. 什么是产品：凡是能给消费者带来满足和享受的任何商品。
2. 产品的分类：有形产品、无形产品。
3. 产品是有周期性的。
4. 产品是经典性与变化性的统一。
5. 标准化产品与非标准化产品。

二、新产品开发

1. 何为新产品？
凡是能给消费者带来新的满足和享受的任何商品。
2. 新产品开发办法：
一是购买；二是研发。
3. 新产品开发的风险：
①需求预测不准；②预算不准；③宣传有误；④竞争者模仿速度太快。
4. 新产品开发的程序：
构思—筛选—形成产品概念—制定营销战略—商业分析—研究试制—市场试销

三、新产品的销售

1. 考虑新产品的最初购买者。

2. 销售的时机:①先行上市;②平行上市;③推迟上市。

3. 销售地点选择:发展潜力/竞争优势。

4. 促销方式选择:①直接促销;②培养市场。

5. 新产品自身的优势程度:①功能;②适应性;③复杂度;④易交流性;⑤可分隔性。

第七讲
产品策略二
——产品生命周期不同阶段的营销组合

本讲主要内容

一、何为产品生命周期

二、产品生命周期不同阶段的营销组合

中国春秋战国的时候出现过一个商家学派，特别强调怎么经营商业。其中就提到产品的质量一定要好，一定要迅速地流动起来，哪怕打折也要迅速地流动起来。为什么呢？产品都有季节性。当时的社会能流通的都是农产品，水果成本可能一斤六毛钱，但是过了一段时间之后，它很快就腐烂了，到腐烂的时间，你还能卖几个钱？另外，可能很快就要换季节了，到这个时候可能就不是吃桃子了，可能吃苹果了，你再不快点降价卖出去，留在手里就更坏了。因此这个时间打折降价，促进销售就是最合理的。我还讲过为什么好姑娘未必找到好小伙，好小伙未必找到好姑娘，就是因为没有危机意识，没有树立产品时间性的观念。你不是感觉你漂亮吗？但是漂亮会随着时间的变化转变成为不漂亮的。好花不常开，好景不常在，最美妙的风景，时间都是比较短暂的，你在最短暂的时刻，在价格最高的时刻不能把自己交换出去，到后来就很难了，产品的销售也是一样。

我曾经到浙江去给一家公司上课，当地的商会会长陪我去某家饭店吃饭。这个商会会长讲，这个饭店的老板会经营，很会用人。我就问他根据何在，他说你看他多么会用人，早上是吃自助餐，自助餐的服务员长得不好看，我们经常说"秀色可餐"，一看长得不好，感觉不好，这个饭吃不下去。自助餐，反正是钱已经交了，你吃得越少他越高兴吧！到中午、晚上都是在包房里吃饭，服务员都是很漂亮的，服务态度也很好，讲话轻声轻语，让人感觉好，心情愉快，要多点几个菜，要多喝一杯酒，反正这个钱是你掏的。为什么服务行业很重视服务人员的选拔？因为服务行业是靠无形产品给人家带来享受和满足的，容貌在特定的状态也能给人带来享受和满足，有助于提高人们对产品的评价，它是连在一起的。

营销者必须清楚在产品生命周期的不同阶段如何销售产品，如何加速让更多的人购买，如何使该产品的利润最大化，这就是我们将要研究的课题。

第一节 何为产品的生命周期

1. 任何事物都有生命周期

生命周期就是从萌芽、出生、成长、壮大，到衰老、衰亡，这么一个时间轨迹。现在谈到产品的生命周期，不是从产品的自然的寿命谈起的，比如说你把一件衣服穿坏，可能需要很长的时间。我们更多地谈产品的经济的生命周期，即穿多长时间就不穿了，随着竞争的激烈，新产品开发速度的加快，现在的产品生命周期出现了越来越短的趋势。在这种情况下，企业更应该加紧研究如何在越来越短的时间内使这个产品得到最大的销量。

2. 产品的生命周期分五个阶段

第一阶段：产品的开发期。产品的开发期是指产品还未上市，正在实验室里进行技术开发的这段时间。这段时间什么特点呢？只有投入，没有产出，利润为负。

第二阶段：导入期。导入期是指产品开发出来刚刚面市的这段时间。导入期的特点是什么呢？因为是新产品，大家熟悉它需要一段时间，因此购买的人少。企业要花大量的时间做广告、宣传工作。这段时间虽然挣钱,但是挣得少,花得多。

第三阶段:成长期。经过艰难的市场宣传工作以后,越来越多的人购买了,这个时间这个产品就到了成长期。成长期什么特点?购买的人越来越多,企业开始赚钱了。但是在成长期的时间也有烦恼,那就是竞争者纷纷进入,同时假冒伪劣也开始出现,企业能不能发展下去,取决于能不能把假冒伪劣降低到企业所能容忍的点。

第四阶段:成熟期。产品进入成熟期,市场需求增长的速度没有产品供应的速度快,由于供过于求,这个时候开始打价格战,企业的利润开始下降。在激烈的价格战当中,好多的企业被打倒了,只有少数的企业还在生产这个产品。

第五阶段:天下没有不散的筵席,成熟期到了以后就伴随着到了衰退期。衰退期什么特点呢?市场的需求量在下降,企业的利润在下降,越来越多的企业开始退出这个产品市场,只有少数的企业还在坚持。

上述所讲是标准的生命周期,有标准就有不标准。多少企业的产品还未开发出来,还未上市就夭折了?多少企业的产品刚刚上市,因为上市的时机不合适,被严寒霜降给打倒了?又有多少企业到了成长期,被假冒伪劣给打倒了?还有多少企业在产品成熟期,被激烈的价格战给打倒了?能经过一个完整的生命周期的企业实在不是太多。

产品生命周期各阶段的销售和利润情况见下图。

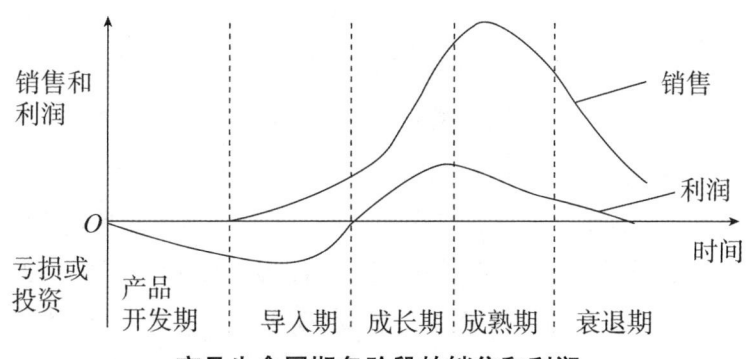

产品生命周期各阶段的销售和利润

3. 产品生命周期的形态

一般来说,产品生命周期的形态有如下几种:

(1)销售量越来越高,没有明显的衰退的痕迹,比如说尼龙。最初做尼龙袋,后来发现还可以做降落伞,可以做尼龙袜,做衬衣,结果它的用途越来越大,很多年了还不衰退。

(2)销售额先是上去,接着下来,就这样,最后越来越低,比如说药品。刚刚推出广告,买的人多,慢慢广告做少了,开始下降,再打广告,又起来了,但再也回不到原来的程度,又起来了,又下降了,层层递减,从此离开历史舞台。

(3)生命周期五个阶段全经过了,但经历的时间很快。一般说,时尚的产品具有这个特点。20世纪80年代的呼啦圈就是这样,呼啦了三个月,就不呼啦了。

(4)理想的产品生命周期。理想的产品生命周期的特点是:市场的开发期很短,市场开发出来以后很快就到了成长期,成熟期很长,后来虽然在衰退,但衰退得很慢,这样的产品多理想。什么样的产品具有这个特点?现代而传统的产品。比如说教育、餐饮就这个特点。为什么呢?这个产品历史上就存在,因此开发并不是太难。另外这个产品大家了解,比较容易推广。因此青岛双星的老板王海曾经说过这么一句话,有人就穿鞋,有人就吃饭,剩下的看你的产品做得好坏。

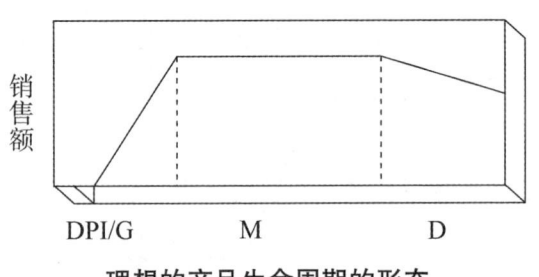

理想的产品生命周期的形态

(5)糟糕产品的生命周期。糟糕产品的生命周期,开发期很长,导入期很长,成熟期很短,衰退期很快。什么样的产品具有这个特点呢?一般来说,高科技的产品往往具有这种特点。为什么呢?高科技的产品是原来未出现过的产品,既然从未出现过,要开发是多么艰难!另外,这个产品大家没见过,意味着适应它需要很长的时间。一旦市场开发成熟了,竞争者就开始进入。由于你的产品容易做到标准化,被模仿很容易,因此这些开发产品的人很容易成为革命"先烈"。所以,成熟期很短,衰退期很快。

比如,20世纪80年代的联想,日子过得多难!卖过旱冰鞋,卖过电子表,那都是科学院的科技人员啊！最初还叫科工贸，后来改成了贸工技，先活着再说，慢慢发展技术，真正的好时光在20世纪90年代的初期和中期，但时间很短，再以后，TCL也做电脑，美国的DELL、IBM都进来了，逼得联想两个月更换一种款式，这对它打击多大！另外，价格下降速度加快，联想的老总柳传志到北大做演讲的时候，说过这样一句话，卖七台电脑的钱还不如卖一件女式内衣赚的利润多，这叫不叫论公斤卖铁啊？因此联想成立了董事局，在做电脑的同时还做别的业务，你看多苦！为什么我们把高科技产品叫做风险产品呢？就是因为成功的概率很低，不成功的概率很高。

（6）国际产品的生命周期。目前，全世界范围内的新产品往往先从美国开始，美国在满足国内人民需求的同时，向国外销售它的产品。随着时间的推移，美国的技术越来越标准化，产品的成本越来越低，当产品往发展中国家销售的时候，发展中国家的人民在享受美国产品利益的同时，也感受到了美国的技术，也学到了美国的技术，于是自己开始建厂，他们能得到当地政府的保护，他们能利用当地的廉价劳动力，因此很快就把美国人的产品给挤出去了，而且他们的产品还能到达美国国内销售。在这种情况下，美国人怎么办？美国人只有两种办法，一种办法是产品的更新换代。另外一种办法是在发展中国家就地建厂，利用发展中国家的廉价劳动力来与发展中国家的企业竞争，它只能是这样。

第二节 生命周期不同阶段的营销战略、营销组合

（一）导入期营销战略

（1）产品上市导入期的时间，产品的质量不稳定，成本偏高，因此需要在质量上下功夫，为后来的推广创造条件。

（2）做大量的广告宣传工作，因为大家不了解这个产品。假如这个产品是创新性能的产品，消费者不了解，你只能大量地做广告、做宣传。假如这个产品的改

进、改良，消费者有所了解，或者有相当的了解呢？你不需要做太多的广告。

（3）在定价方面，可以高定价也可以低定价。

什么情况下高定价呢？一是产品的质量确实高，二是消费者对价格不敏感。什么情况下可以定低价呢？竞争比较激烈，竞争者咄咄逼人，市场规模很大，消费者对价格敏感，你不降价就没有人买。

高价的前提条件是什么呢？产品质量和高定价能够配合起来。定低价的条件是什么呢？随着市场规模的扩大，随着企业市场规模的扩大，你能够把管理成本降下来，管理成本的提高超过了生产成本的降低那就叫规模不经济了，这就叫管理混乱了，爱多就是这么倒下的。

（二）成长期营销策略

经过艰难的市场开发工作，市场被打开了，购买的人越来越多，竞争者纷纷进入，经销商也愿意经销你的产品了，这个时间企业应该怎么办？抓住机遇，迎头赶上，做到利润的最大化。应该怎么做工作呢？

（1）在价格上，价格持平或适当降价。为什么呢？规模的扩大可以降低成本了。

（2）广告宣传的重点应转向品牌的宣传。因为竞争多了，应该宣传我的产品和其他产品的与众不同之处，我的产品的优势之处。

（3）抓紧向经销商铺货。因为经销商愿意接受你的货，利用经销商的力量迅速向地方铺货。

（4）进入新的细分市场，向别的地区方向发展。

（5）产品的细分化或系列化。这个时间有一个问题了，如何打击假冒伪劣？积极的办法是不断地开发出新产品，像海尔一样，我让你模仿得来不及。另外，努力降低成本。比如说格兰仕，格兰仕的规模生产做得相当大，它的成本比假冒伪劣还要低的时间，假冒伪劣能做得过它吗？消极的办法是通过法律打假。当一个人想犯错误的时候，你是不知道他在什么地点，以什么方式犯错误的。当他有动力做假的时候，你是打不掉他的，你是彻底打不垮他的，"野火烧不尽，春风吹又生"。因此来讲，要积极之法和消极之法共同配合，共同打击假冒伪劣。

（三）成熟期营销战略

成熟期的特征是：生产的规模不断地扩大，但是市场的需求缓慢地增长，出现了供过于求的趋势。价格战是成熟期的最典型的特征。供过于求了，那么在残酷的价格战当中，两类企业会生存，一类是生产大众化产品的大企业，一类是为特定人群、为特定地区生产特定产品的中小企业。成熟期的企业应该怎么办呢？

1. 市场改进

市场改进就是尽可能地扩大市场的销售额。方法之一就是增加品牌使用者的数量。可通过以下途径来实现。

（1）发展非用户。原来不用的产品现在用了，比如说原来化妆品是女性用的，现在越来越多的男性也用化妆品了，你开发男性化妆品。

（2）进入新的细分市场。比如，原来在北京地区，现在向河北、向内蒙古发展。

（3）争取竞争对手的客户。

（4）对产品重新定位。比如说长虹原来生产14英寸的彩电，是20世纪80年代给城里人准备的，那么十几年后，长虹把这个产品重新给搬出来了，直接销往农村市场，西南、西北地区的农民喜欢得要命。在某个地区的老产品，拿到另外一个地区去，照样是新产品。另外，提高每个产品的使用率，可通过以下途径来实现：

①提高使用频率。公司可以努力使顾客更频繁地使用该产品。例如，洗发水生产商宣传"每天都洗发"，无疑可以大大提高产品的使用频率。

②增加每个场合的使用量。公司可以努力使用户在每次使用时增加该产品的用量。例如，洗头膏制造商可以向用户指出，每次洗头时冲洗两次比一次更有效。

③新的和更广泛的用途。公司应努力发现该产品的各种新用途，并且要说服人们尝试更多的用途。例如，美国杜邦公司发明的尼龙丝由于不断发现新的用途，加工成新的产品（降落伞、丝袜、衬衣、地毯等），因而久盛不衰。

2. 质量改进

也称为"产品再推出"。整体产品概念的任何一个层次的改革都可视为产品再推出，包括提高产品的质量，改变产品的特性和款式，为顾客提供新的服务等。

实现产品再推出的具体策略有如下四种：

①品质改良策略。主要侧重于增加产品的功能。例如，洗衣机厂商把单缸洗衣机改为双缸洗衣机，增加了甩干功能；将半自动洗衣机改为全自动洗衣机，并增加加温、脱水、烘干等功能。这种品质的改进将提高产品的竞争地位。

②特性改进策略。主要侧重于增加产品的新特性，尤其是扩大产品的高效性、安全性或方便性。如某动力机械厂将动力机引入锄草机，提高了锄草速度；而后又进行操作方面的改进，使之更加便于操作；最后，又使它既能锄草又能铲雪。不过当产品的功能太多，消费者并不经常使用时，适当地减少一下产品的功能，不仅能降低产品的成本，而且能使消费者更满意。

③款式改进策略。这主要是基于人们美学欣赏观念而进行款式、外观的改变，使产品的式样更新奇，外观更漂亮。以此可以迎合消费者求新心理，扩大产品销售量。

④服务改进策略。对于许多耐用消费品和产业用品来说，良好的服务，如为用户提供运输、开展技术咨询、免费安装、免费维修，等等。这样做也会大大促进消费者购买，也是产品改良策略的重要内容。

3. 营销组合改进

产品经理还应该努力通过改进营销组合的一个或几个要素刺激销售。在寻找刺激成熟产品销售的方法中，营销经理对营销组合的非产品因素应考虑如下的关键性问题：

①价格。削价会吸引新的试用者和新用户吗？如果是，要不要降低标价？或者通过特价、折扣、免费运输、更方便的信用条款等方法下调价格？或用提高价格来显示质量更好？

②分销。公司在现有的分销网点上能够获得比较多的产品支持和陈列吗？公司能渗透进更多的销售网点吗？公司的产品能够进入某些新类型的分销渠道吗？

③广告。广告费用应该增加吗？广告词句或文稿应该修改吗？宣传媒体组合应该更换吗？宣传的时间、频率或规模应该变动吗？

④销售促进。明确公司应该采用何种销售促进形式——暂时降价、舍零头、打折扣、担保、赠品和竞赛。

⑤人员推销。销售人员的数量和质量应该增加或提高吗？销售队伍专业化的基础应该变更吗？销售区域应该重新划分吗？对销售队伍的奖励方法应该修改吗？销售访问计划需要改进吗？

营销组合改进的主要问题是它们很容易被竞争者模仿，尤其是减价、附加服务和大量分销渗透等方法。因此，公司不大可能获得预期的利润，事实上所有公司都在市场营销中不断地互相攻击，它们可能都经历过利润侵蚀的过程。

（四）衰退期营销战略

大多数的产品形式和品牌销售最终会衰退，尽管衰退的速度有快有慢。当销售和利润衰退时，有些公司退出了市场。留下来的公司可能会减少产品供应量，也可能从较小的细分市场和较弱的贸易渠道中退出，还可能削减促销预算和进一步降低价格。对大多数企业来说，当机立断，弃旧图新，及时实现产品的更新换代是非常重要的。

一个公司在处理它的老化产品中面临着许多任务和决策：

1. 识别疲软产品

第一任务是建立识别疲软产品的制度。公司任命一个有营销、研究与开发、制造和财务代表参加的产品审查委员会，这个委员会拟定一套识别疲软产品的制度，按照销售疲软年数、市场份额的趋势、毛利和投资报酬等指标确定出可疑产品，然后分析在营销战略不修改和修改的情况下该产品的销售和利润的前景，从而做出决定——继续保留该产品、修改它的营销战略或放弃它。

2. 确定营销战略

有些公司将比其他公司先放弃衰退市场。这在很大程度上取决于退出障碍的水平。退出障碍越低，公司就越容易脱离该行业，同时对留下来的公司就更具诱惑力,它们可以去吸引退出公司所拥有的顾客。留下来的公司将会增加销售和利润。因此,一个公司必须对是否要在市场上坚持到底做出决定。例如,宝洁公司在衰退的液体肥皂业中坚持到最后,并且随着其他公司的退出而获得可观的利润。

(1)在衰退期,公司可以采取如下四种战略

①增加公司的投资,使自己处于支配地位或得到有利的竞争地位。

②保持公司原有的投资水平,直到行业不确定因素解决。

③公司有选择地降低投资水平,放弃无前景的顾客群,同时加强对有利可图的顾客需求领域投资。

④尽可能用有利的方式处理资产,以便迅速放弃该业务。

(2)在确定衰退期营销战略时,应注意以下问题

①在确定衰退期时应慎重。

②衰退期未必一定选择放弃。

③若势必要退,当有壮士断腕之气概。

④在选择降低和放弃时,应注意保密性。员工知道了,会惶恐不安;顾客知道了,会担心售后服务能否有保障;竞争者知道了,会利用这一机会,迎头赶上,或制造负面影响。

课程回顾

一、何为产品的生命周期

生命周期就是从萌芽、出生、成长、壮大,到衰老、衰亡的时间轨迹。

二、产品生命周期不同阶段时期的营销组合

(一)导入期营销策略

1. 提高质量、降低成本。

2. 做大量的广告宣传工作。

3. 定价的艺术。

(二) 成长期营销策略

1. 价格持平或降价。

2. 品牌宣传。

3. 抓紧向经销商铺货。

4. 进入新的细分市场。

5. 产品细分化或系列化。

(三) 成熟期营销策略

1. 市场改进。

2. 质量改进。

3. 营销组合改进。

(四) 衰退期营销组合

1. 识别疲软产品。

2. 确定营销战略：

①增加投资；②维持现状；③降低投入；④放弃。

第八讲
产品策略三
——市场的生命周期与产品的生命周期的协调

本讲主要内容

一、市场生命周期与营销的关系

二、市场生命周期各阶段的特点及营销战略

三、随着市场生命周期的变化，企业应该如何改进自己的产品

第一节 市场生命周期与营销的关系

产品生命周期探讨的是某一产品或品牌随着时间的变化，如何来实行销售。它描绘出一个产品导向的图像，而不是一个市场导向的写照。我们更应该从市场的生命周期来看，在市场周期的不同阶段产品如何来更新换代。市场生命周期是研究整个市场导向的图像，它能更准确地反映出企业满足顾客需求的整个过程。从长远来讲，市场的生命周期决定和影响产品的生命周期，从而影响企业不同阶段的营销者。拘泥于产品生命周期而忽视从市场动态发展的角度去预测未来需求和各业务单位的潜力，将会掉进目光短浅的泥潭。

市场生命周期由技术（供给）与需求共同作用而成。具体地说，就是在需求发展变化的同时，各企业分别以其拥有的资源，尤其是技术（包括生产、销售等技

术)满足顾客需求,从而使市场依次经历导入期、成长期、成熟期、衰退期四阶段演变的动态变化。

市场生命周期和营销的关系是什么呢?

(1)市场生命周期是企业战略选择的基础。企业因市场而存在,市场的变化左右着企业的活动,市场生命周期的动态变化,要求企业预测未来的需求、检查自身的状况、应付竞争对手,决定发展、放弃等问题,它所表现出来的就是营销战略的选择。

(2)市场生命周期不仅决定企业营销战略的选择,还决定战略实施的时机与节奏,以便决定进入和退出市场的最佳时机、方式等。20世纪90年代后期华远房地产公司的老总任志强对房地产未来的发展看得很清楚,集团消费总是要被个人消费所代替,为此做了大量的准备。那么后来他的问题出在哪里呢?就是判断退出的时机过早了,从而使集团消费的最后一块蛋糕没有吃上。因此作为一个领导,一定要预见市场的未来发展规律,预见发展大势,同时还要判断在什么时机进,在什么时机退,怎样退,怎样进。

(3)市场的生命周期还决定着产品的更新换代,决定着怎样生产新产品,生产什么样的新产品。

第二节 市场生命周期各阶段的特点及营销战略

市场的生命周期也和产品的生命周期一样,有导入期、成长期、成熟期、衰退期。

1. 导入期

导入期就是市场的需求刚增长的时期。比如说空调,刚刚生产出来的时间,消费者对空调最初的需求,就可以成为空调这个大的产品的导入期。

导入期市场的特点有两个:一是市场的不确定性,即消费者还处在潜在需求状态,这就需要企业做大量的宣传、促销活动,使消费者明白他们将从产品、服务中得到何种利益。二是技术的不确定性,即产品的技术还未达到成熟状态,因而无论在质量、外观、成本等方面都不过硬,还不足以让顾客满意,这就要求企业在技术的适应性改进上狠下功夫。

导入期企业应该实行怎样的营销战略？一种是单一补缺，一种是多重补缺，一种是大宗市场。

什么叫单一补缺呢？假若空调这个产品将来会有越来越多的人购买，但在特定的历史时期，只有少部分的人会购买，于是，我就为人群中有购买能力、有购买欲望，也能欣赏到空调价值的这批人服务。这就叫单一补缺。

什么叫多重补缺呢？所谓多重补缺，就是为不同种类的人服务，要为广泛地区的多种类的人服务。比如说我要为北京、上海、广州，这三个特定地域的市场服务，这就是多重补缺。

什么叫大宗市场呢？就是我生产一种大众化的产品，满足全国各地人们的需求，这就是大宗市场。

2. 成长期

随着产品越来越多地为社会所接受，空调这个市场进入到了成长期，越来越多的人在购买。成长期市场具有以下特点：

①潜在需求转变成旺盛的现实需求，不同顾客群的不同喜好逐渐形成；

②技术日趋成熟，行业技术标准出现；

③更多的企业参与竞争，但尚未出现真正的市场领导者。

（1）到这个时候先进入市场的企业应该怎么办呢？

应该在两方面做工作：

①一方面关注市场结构的变化。也就是说，原来可能是北京生产、北京销售，现在可能要向广东、福建、东南沿海地区销售，因为当地的市场开始觉悟，这就叫跨地区扩张。

②另一方面关注产品结构的变化。随着越来越多的人开始购买这一产品，需求的差异性也就出现了，这个时候应该分门别类地分析不同种类人的需求，生产他们所需要的产品。

市场结构的变化意味着有选择地跑马圈地和市场的高增长，这是空间上的增长。产品结构的变化意味着企业要注意消费者需求的变化，生产有发展潜力的产品，它指的是在特定地区应该如何满足日益增长的差异需求。

事实上正面竞争丧失份额很小，在大多数情况下，市场份额的丧失都在于市场结构的变化，需求结构的变化。因此企业应密切关注着市场生命周期的变化，关注一个行业的市场到了成长期的时候，消费者需求的变化。比如说，3M公司是最早销售复印机的厂家之一，但几年后它退出了市场。原因是复印机的租赁市场比销售市场发展得更快，施乐公司开辟了租赁业务，结果夺走了3M市场。对于3M来讲，这叫"起了个大早，赶了个晚集"。对于施乐市场来讲，叫"花钱不多，拣了个大便宜"。

20世纪90年代末，海尔的跑马圈地对不对？当时国内有很多的议论。说海尔销售额大，利润并不是太高。我认为，在一个产品的市场处于成长期的时候，企业就应该跑马圈地。因为到了成长期，很快成熟期就会到来，而成熟期的时候那就是打价格战，就是拼规模，你这个时候（指成长期）不赶紧跑马圈地，不赶紧提高自己，一旦到了严酷的成熟期到来的时候，你用什么样的规模来应付即将到来的惨烈的价格战？因此，看一个企业，不仅要看眼前，更要看未来，在眼前和未来之间架起一座平衡的桥梁。

企业的贷款比例究竟多高为好，也是相对的。社会有正常的时间，也有非正常的时间。一个行业的市场在成长起来的时间就是一个非正常的时期，这个时期贷款的比例高一些也没关系，因为你把市场占有了，将来你能还得起钱。比如说，一个家庭的孩子正在上大学，欠债累累也没关系。孩子参加工作以后会有钱还账的，这个时候就应该向他投资，再高的贷款利率也应该来借。

（2）在成长期，作为市场的后来者应该怎么办呢？

应该采取三种策略：

第一，单一补缺。大家纷纷抢占市场的最大份额，我在一个相对偏僻的领域，大家不注意的领域，为局部的人群进行生产和销售。

第二，多重补缺。为多个市场进行服务，为多个地域的市场进行服务。

第三，大宗市场。大家都干补缺市场，那么我生产一个大家普遍接受的产品，照样能异军突起。

3. 成熟期

比如说中国的家电产业，现在应该说到了成熟期。市场的成熟期什么特点呢？

①顾客的偏好相对稳定，市场只剩下几大知名品牌或满足顾客特定需求的补缺品牌。

②市场占有率相对稳定，但与此同时，竞争更为激烈，这更多地表现在成本、服务的竞争上，往往引起市场份额的重新组合。

③与成长期相比，利润水平下降，营销费用增多，企业进入微利时代。

市场成熟期是战略僵持阶段，但这并不意味着企业没有办法。一般来说，成熟期市场中的企业可以有如下战略选择。

（1）在产品领域要突出核心竞争力的问题，换句话讲要对现有的产品的实力与潜力进行评估。所谓实力就是和竞争对手相比有竞争优势；所谓潜力就是对市场的需求进行评估，突出这个核心竞争力。比如说原来最初搞服装的人自己办工厂，自己开发，自己去销售。随着这个行业到了成熟期，分工细致了，竞争的激烈导致很多企业处于微利，甚至不能维持生存的程度，这时就要分析行业分工的变化，选择对自己最有发展前途的那个业务领域，比如说就做产品开发，就做市场开发。生产领域可以外包。美国的DELL计算机公司，它的营销战略之一就是放弃了大部分系统的生产，将它们外包给别的公司，而自己专心地研究产品开发和市场的销售。

（2）在市场领域积极地向海外扩展或者向其他有前途的领域扩展。换言之，或者搞国际化，或者搞多元化。因为什么呢？市场饱和，而企业的规模越来越大，意味着要养更多的人，需要更多的利润。你只能是向越来越大的市场扩大，所以海尔搞国际化我是很赞成的，国际化就意味着市场的规模扩大。市场总量在一定时期总是有限的，这个时期就应该适时地走多元化的道路，向别的领域，向别的具有发展前途又有竞争优势的领域来发展。搞多元化是有风险的。为了降低多元化的风险，合作显得尤其必要。比如说在美国，苹果公司、索尼公司、摩托罗拉公司，联合开发多媒体技术是最典型的一例，共担风险，共享利润。

（3）重视现有的产品改变和改良，不断推出新产品。一个行业发展的初期，往往生产大宗市场的产品。以后,往往采取单一补缺或者多重补缺的战术,补缺的多了,市场就变得四分五裂、五花八门了。到这个时候,每一个产品赚来的钱都很少。当大家都感到挣不了钱的时候,恰恰酝酿着市场结构、市场需求的变化。此时,假如有一家企业,具有新技术的突破,或者具有新的市场研发的敏锐,生产出一种大家所共同需要的新产品,这个市场又从分裂变成结合。比如说宝洁公司有效防蛀的含氟牙膏,佳洁士的诞生,就是分裂与统一最好的案例。

(4) 组织结构的变化。成长期意味着跑马圈地,扩大规模,但是一旦到达成熟期,需求下降,利润下降,养不起那么多人,怎么办?必须调整企业的组织机构。我举两个例子来说明。

一个例子就是家电业,包括乐华,包括TCL,包括海尔,在市场的成长期的时候,为了更大限度地掌握市场的终端,纷纷扩大规模,纷纷扩大销售人员数量队伍,导致销售人员急剧地增长。TCL的销售人员一万五千多人,海尔的更多。市场成长的时候,市场的利润高,能够养得起这么多人,我的投入能够得到更大的回报,是合算的。但是一旦市场到了成熟期,养不起这么多人,怎么办呢?那就得转移。有进就有退,有分裂就有统一,以前是研究怎样招聘营销人员,现在是研究怎样进行营销人员的转移。在转的过程中,在退的过程中,容易发生问题。因为进的过程是不断地给人富贵的过程,大家高兴,退的过程是让大家放弃富贵的过程,大家不情愿。家电业乐华的企业变革为什么出问题?就是这个原因。

TCL做得就比较中庸。它跟日本一些大的家电企业合作,我卖你们的产品,这样营销人员就养得起了。另外,鼓励营销人员将营销分公司转制或者实行股份制,减轻总公司的负担。美国的电话电报公司在市场成长起来的时候,急剧地扩大规模,就有了大企业病。在市场增长起来的时候,这些矛盾是生长不起来的,但是一旦市场到了成熟期,利润下降了,那么大企业病就明显暴露出来。美国的电话电报公司就进行改革。将企业化整为零,组建了八个独立经营核算的企业,公司原有十九个阶层,最后砍成六个阶层。为了鼓励大家到市场去,把办公室的椅子把、后背给砍掉了。为什么呢?办公室工作人员坐在靠后背的椅子上很舒服,就不愿意下去。没有后背以后,坐起来不舒服,逼着你往下走,与市场相结合。

4. 衰退期

市场在经历了导入期、成长期、成熟期后，最终会进入衰退期。不是总的需求水平下降就是新技术开始替代旧技术。例如，一位企业家发现了一种代替牙膏的、更有效的口腔喷雾剂。在这种情况下，老技术会最终消失，而新的需求——技术生命周期将出现。此时，市场上的某些企业已遭淘汰或自动退出，剩余企业可能是由于退出障碍（专用资产），也可能是由于对剩余需求抱有信心而进行着竞争。

衰退起来的时候应该如下办：

第一，如果企业认定剩余需求具有稳定性，衰退的速度慢，那么企业可以选择一定程度地维持或缩减投入。比如说食品。某一种食品的需求是相对稳定的，尽管需求在衰退，但是毕竟衰退得比较缓慢，因此我可以通过一定程度的维持来适应形势的变化。

第二，如果企业认定市场的需求衰退的速度快，比如说电风扇，可选择尽快地推出新产品。比如，空调出现了，电风扇遭到很大的打击。尽管2003年的"非典"使中国的电风扇又崛起了，但是从长远来讲，空调的作用还是大的。那么电风扇生产厂家应看到这一发展趋势。

第三节　随着市场生命周期的变化，企业应该如何改进自己的产品

即企业如何增加自己的属性，如何进行产品的更新换代，在这里我就以纸巾来说。原来都拿布来抹桌子，后来随着人们收入的提高，人们的生活水平也提高了，有的企业就发现一次性的纸巾更适合人们的需求，尽管用布省钱，但你要不断洗啊，太麻烦。人们的收入高了，时间成本高了，愿意用纸巾了，愿意用纸巾来抹桌子，因此有的企业就开发了一种吸水的纸巾。既然这种产品赢得了市场的关注，并且已经得到了很多利润的话，一定会有竞争对手在追随。竞争对手在以前的基础上，为吸水的纸巾又加了一个新的功能，叫高强度吸水的纸巾，一下子得到了市场的关注，得到了最大的利润。后来大家又纷纷模仿，在模仿的基础上，你的企业又

加以改进，开发了不掉绒毛的纸巾。结果一开发就有很多人又来模仿，在模仿的基础上将来又要开发出新的纸巾，至于什么样子，那将根据未来的变化而变化。这就是随着市场生命周期的变化，产品的属性不断改进的情况。

市场的创新，市场的演进被创新和竞争两种力量一块驱使而不断向前走。比如说现在许多航空公司都供应飞行便餐，等大家都供应的时候，这个便餐就不再是顾客挑选航空公司的基础。这种现象意味着公司在新属性的创新上维持领先地位的重要性。每一种新的属性一旦成功，就会为公司创造一个差别，利润的获取高于市场平均水平。如果别的公司去模仿，那么在这种情况下市场的领先者就必须学会创新的本领。

1. 面对激烈竞争的市场，公司怎样进行新产品的创新

一般来讲有以下几个办法：

（1）进行消费者调查。通过消费者调查，发现消费者对什么不满意，应该如何让消费者满意，增强什么属性让消费者满意。

（2）通过辩证的过程来说明新属性的出现。用现在的话讲也叫逆向思维。比如说牛仔裤刚开发出来的时候是低档次的产品，后来得到大家喜欢了，就逐步地提升，慢慢地成了一种高档产品。牛仔裤变得越来越高档的时候，谁通过逆向思维，开发出便宜的牛仔裤，谁就会得到市场的喜欢。

（3）按照马斯洛的五个需求说来判断市场的需求何在。最初追求生理需要，后来追求安全需要、情感需要、地位荣誉需要，再后来是自我价值实现。根据这个理论，我们可以看出，第一代的汽车设计是为了提供最基本的运输和安全，即大众化的产品。后来当汽车越来越被社会接受的时候，就意味着要进行个性化营销了。企业应根据不同的目标顾客的需求生产他们所需要的产品。再后来，汽车能帮助人们充分发挥他的个人能力，到了定制营销的阶段。作为创新者来讲，他的任务就是评估什么时间市场需要什么样的产品。

（4）市场的领导者通过直观的过程来发现市场需要的新附加值。直观的过程也就是说在市场练就了一种职业的敏感，凭着感觉来办事，这个感觉有的时候是很管用的，尤其对于干长了的人来讲。

2. 在进行产品属性开发的时候，还要考虑其他因素的作用

第一，我们要充分考虑技术在影响新属性出现上的作用。例如，在电视机微型化技术没有获得足够的发展前，消费者对小型电视机的强烈兴趣仍是得不到满足的。技术预测可以帮助企业推算出把新属性提供给消费者的具体时机。

第二，我们要充分考虑到社会进步在影响新属性出现上的作用。诸如通货膨胀、短缺、环境保护主义、消费者保护主义和新生活方式的发展等，都影响到消费者对产品属性的再评价。例如，通货膨胀增加了对小型汽车的需求，而汽车安全性增加了对较厚重汽车的需求。创新者必须利用营销调研来估量不同属性的需求潜量，据此来决定公司在面对竞争时的最佳行动。

课程回顾

一、市场生命周期与营销的关系

1. 是企业战略选择的基础。
2. 决定战略实施的时机与节奏。
3. 决定着企业产品的更新换代。

二、市场生命周期各阶段的营销战略

1. 导入期

①单一补缺；②多重补缺；③大宗市场。

2. 成长期

（1）先进入市场的企业应该怎么办

①关注市场结构的变化；②关注产品结构的变化。

（2）市场的后来者应该怎么办

①单一补缺；②多重补缺；③大宗市场。

3. 成熟期

①突出核心竞争力；②积极向海外或其他领域扩展市场；

③重视现有产品改变或改良，不断推出新产品；④组织机构的变化。

4. 衰退期

①维持收缩；②尽快推出新产品。

三、随着市场生命周期的变化，企业如何改进自己的产品

1. 进行消费者调查。

2. 辩证地看问题。

3. 按马斯洛需要理论判断市场需求。

4. 直观市场。

第九讲 产品策略四
——产品组合

本讲主要内容

一、产品的整体观念

二、产品怎样做组合

第一节 产品的整体观念

产品的整体观念也叫产品体系，或产品的系统销售。

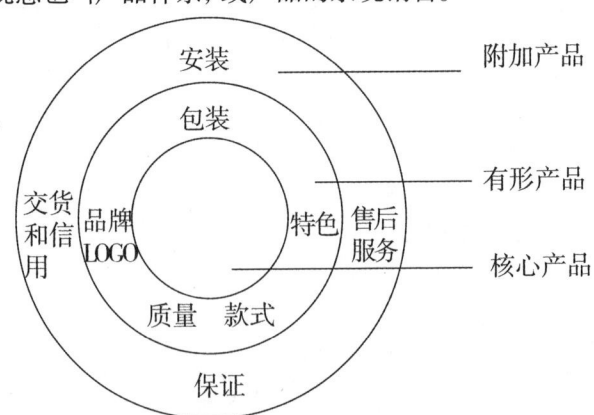

营销学意义上的产品是给人们带来享受和满足的任何物品，换句话讲，人们购买产品都是为了享受。比如说教育的目的是满足人们对知识的追求，美容的目

的是满足人们对于青春永驻的需求。任何一个事情都不会是单一的，产品也是一样。比如说这个杯子，在生产者眼里这个杯子经常意味着质量、技术、成本、原料。但在消费者眼里，并不关心这些要素。他只关心三项内容：

第一项内容是这个杯子能不能满足我最基本的需要，即盛水解渴的需要。产品满足人最基本需要的功能叫核心产品功能。这是消费者第一眼看到的。

第二项内容是看这个产品的品牌外包装、形状、颜色、款式等，核心产品的具体表达形式就是具体产品。这就是在消费者眼里产品的第二个层次。

当这个产品的核心产品功能和具体产品功能都差不多的时候，消费者关心的第三项内容叫附加产品。附加产品是在销售产品的过程中，或者叫消费者在购买产品的过程中，所得到的一些额外的享受或者服务。比如说售前咨询，售中咨询，售后咨询，在什么样的商店里销售，服务员的态度如何，服务的质量如何，环境氛围如何，有没有保证，产品坏了有没有担保，所有这些构成了消费者购买这个产品的第三个层次。

所以我们生活中经常看到有的产品能卖得出去，有的产品卖不出去，原因就在于生产者对产品的理解和消费者对产品的理解角度是不一样的。由于理解的角度不一样，所以就很难讲，某一个特定的产品能够是消费者完全需要的产品。一般来讲，当生产者对产品的理解和消费者对产品的理解相一致的时候，这个产品肯定卖得出去了，在生产者对产品的理解和消费者对产品的理解差异性很大的情况下，这个产品就很难卖得出去。从这个角度来讲，企业为什么站在消费者的角度上来理解消费者的需要呢？目的就是使自己对产品的理解和消费者对产品的理解能够相一致。

现实生活中有一句话叫"将心比心"。这句话很有内涵，但是也有它的弱点。你是生产者，我是消费者，你在城里，我在乡下，你很难理解得了乡下人对产品的要求是什么。怎样做到相一致呢？用老子《道德经》的话讲，就是"虚"到"实"的转变。虚心使人进步，骄傲使人落后，你首先承认自己不如消费者更了解他自己，才能"知不足而后学",然后你才能有动力到消费者当中去了解他们的需要,了解他们的后顾之忧,了解他们对产品的最核心的需要是什么,对产品的具体要求是什么,对产品服务的要求是什么,只有这样,才能生产出消费者所需要的产品。

在革命战争年代,毛泽东为什么反复讲,知识分子到农村去,知识分子到工人中去呢?目的就是了解民众的需求,然后成功地领导他们。

产品整体观念给我们以下几个方面的启发:

第一,消费者对产品的需求,既有核心产品又有具体产品和附加产品。消费者对产品的需求,不仅有物质方面的需求、生理方面的需求,还有心理方面和精神方面的需求,只有在这几个方面给消费者带来更大的价值,你的产品才能到达消费者手中,才能赢得更大的竞争优势。

第二,在核心产品、具体产品和附加产品当中,核心产品更重要。有什么样的核心产品,就有什么样的具体产品和附加产品。以化妆品为例。20世纪80年代人们对化妆品的要求是什么?保护皮肤。既然是保护皮肤,那么对产品的质量要求不太高,对产品的包装要求不算高,随便是一个商店的销售就行,没有什么附加服务,产品价格低得可怜。到了90年代,人们对化妆品的要求是美丽,是青春永驻。一旦人们有了这个需要,具体产品和附加产品就随之而变了。产品的包装要精美,产品的报价要高,产品需要在大商场里销售,它得用名人做广告,现场气氛一定要好,给消费者送货上门,还有其他的售后服务,比如免费退款的保证等。核心需要不同,导致的具体产品和附加产品就不一样。

20世纪80年代汽车在中国是一般人买不起的产品,汽车是身份、地位的象征。因此80年代卖汽车,就必须放在比较豪华的地方,价格比较高,就必须用名人做广告。到了90年代,越来越多的人能够买得起汽车了,汽车在人们的心目中主要是个代步工具。既然是为了方便,产品的定价要低,不需要名人做广告,在消费者方便的地点销售,销售汽车的人也没必要素质那么高,素质高了产品的成本就高了。所以在核心产品、具体产品和附加产品里,核心产品是最基本的,有什么样的核心产品，就有什么样的附加产品和具体产品。当然了，人们的核心产品一定，能提高产品竞争优势的就是具体产品和附加产品了。所以现在的企业越来越重视售后服务，越来越重视工业设计。

尽管我们每天都在观察消费者，但是消费者的核心产品，消费者的最核心的需要往往很隐秘。比如说20世纪70年代，美国有一家化妆品公司，开发了一个减肥香皂，当时它就认为，人们为什么要减肥香皂？就是为了健康，因此它的广告词在具体产品上，在服务上就反复地强调健康，结果产品卖不出去。后来经过大量的调查，发现人们购买减肥香皂不仅仅是为了健康，更需要的是美丽。换句话讲，"要风度不要温度"。后来广告词变了，强调减肥香皂如何能使你的身材更美丽，这一下子就卖出去了。人们从长远上看，是追求长远利益的，但是由于人们认识事物由近到远、由浅到深的天性，经常是看到眼前利益。健康和美丽相比，健康是长远利益。尤其是年轻人，一段时间他感受不到，但是美丽，马上就能感受到。

再比如说20世纪90年代初，咱们国家兴起了保健品热。北京有个华奥商场，服务员为了推销保健品费尽了心思，做了大量的工作。业务员不断地宣讲保健品的功能，保健品给人们带来的好处，经常是喊得口干舌燥。人们观望的多，购买的少。几天过去了，一个很聪明的售货员看出了其中的门道。他发现人们购买保健品不是为了自己享受，而是为了给他人享受，也就是为了送礼。如果说自己享受，更追求价格便宜，不强调包装。如果是礼品，价格要高，要拿得出手去，至于产品的具体功能是什么，他不会过多强调。服务员一旦明白了这个道理，今后的宣传他就变了，他就不讲这个产品的功能如何，有什么好处了，他只讲一句话：送礼，拿得出手去。就这一句话，一下子打动了消费者的心，因此当然卖得很快啊。我们经常讲主要矛盾和次要矛盾，抓住了主要矛盾，次要矛盾迎刃而解。这句话在这个案例中得到了充分体现。

随着人们物质生活水平的提高，人们越来越追求精神生活，渴望方便感、受尊重感等。所以美国有些人预测,当生活不发达的时候,人们更追求有形的产品、具体的产品,一旦社会发达了,人们越来越追求精神生活了,服务在人们心目中的作用就变得越来越重要。美国营销学家莱维特指出:现在公司竞争并不在于各家公司在其工厂中生产什么,而在于它能给产品带来什么内容,比如说包装、服务、广告、客户咨询、送货、仓储,以及顾客重视的其他价值等。这个定义告诉我们,尽管核心产品、具体产品和附加产品人们都需要,但是经济发展的不同阶段,人们追求的层次是不一样的。在经济发达的国家和地区,竞争主要体现在附加产品这个服务层次上。在经济欠发达的地区,对于中产阶级,包括中产阶级以下的阶层,产品竞争主要体现在有形产品上。20世纪90年代以后的海尔,为什么搞售后服务?就因为提高服务能树立在全国的竞争优势。人们物质生活提高了,越来越提出了对精神生活、对服务的要求。

第二节　产品怎样做组合

中国有句话叫"天下大势,分久必合,合久必分"。任何一个企业都不会单独生产一个产品,都会生产一组产品,它不求单一产品的利润最大化,而求的是产品组合,或者一个产品系列的利润最大化。产品组合也叫产品品种的搭配,是指某一个特定的企业销售给消费者的一组产品,它包括生产线和生产项目。所谓生产线就是在满足人们的属性上密切相关的一种产品。比如说对海尔来讲,有彩电生产线、冰箱生产线、空调生产线,等等。产品线由产品项目组成。产品项目指产品线中不同的品种规格、质量和价格所构成的特定的产品。比如说海尔的冰箱是一条生产线,但在海尔的冰箱生产线内部,有很多冰箱品种。有大冰箱,有小冰箱,有给城市的,有给农村的,这众多的冰箱品种就构成了产品项目。所以来讲,一个产品组合由产品线和产品项目组成。

讲到产品组合,要涉及产品宽度、深度、长度、相关性。产品组合的宽度是指在这个产品组合中产品线数量的多少。比如说海尔的冰箱产品线就特别宽。

产品组合的深度是指在某一种特定生产线的内部产品项目、产品规格品种的多少。从这个角度上来讲，海尔的彩电生产线产品组合的深度是浅的，而对长虹来讲，彩电生产线产品组合的深度是很深的，因为它的品种很多。

产品组合的长度是指企业所有产品线中的产品项目的总和。海尔经常讲，它产品十几个大类，九千多个品种，就是指这个意思。

产品组合的相关性，就是指不同的产品线之间联系的紧密程度。海尔的产品，不同生产线之间联系得比较紧密，彩电、冰箱、洗衣机都是家电类的。而春兰呢？它联系得不那么紧密，它有空调、家电，有汽车、卡车，还有能源（电池），它的产品组合联系就不紧密。一般来讲，产品组合紧密一点容易互相支持，但在特殊的情况下，远一点也是有好处的。比如说，现在家电类的产品普遍饱和，在这种情况下，春兰的财务就被称为家电企业中最健康的。尽管家电的利润降低了，但是卡车的利润提高了，能源——电池的利润提高了，它有几个现在增长的新品种。到底什么叫好，什么叫不好，需要综合来看。所谓产品组合的决策，就是企业对产品组合的宽度、长度、深度和相关性等方面的决策。

1. 产品组合的决策

（1）扩大产品组合

假如说现有的产品线利润比较小，增加生产线的种类就能提高产品的利润，这就需要扩大产品组合。20世纪90年代的海信，原来只生产彩电，自从周厚健上台以后，开始生产电脑，生产空调，生产VCD，这就叫扩大产品组合。

（2）缩小产品组合

假如现有的生产线品种太多了，成本太高了，缩减产品线的类别能够提高企业利润，这种缩减产品组合的做法，就叫缩减产品组合。比如说春兰，原来生产的品种很多，后来陶建幸上台之后，砍掉很多产品线，只生产最主要的一种，这就叫缩减产品组合。

究竟是扩大产品组合好，还是缩减产品组合好，那要看实际情况。扩大能赚钱你就扩大，缩减能赚钱你就缩减。

2. 产品线的决策

(1) 产品线的延伸

就是在现有生产线基础上增加产品的品种。产品线的延伸可以向下延伸，也可以向上延伸，还可以双向延伸。

什么叫向下延伸呢？比如说五粮液。五粮液是高档产品，高档产品的形象好，但是由于价格太高，人们购买得少，为了扩大利润，它就向下延伸。做京酒，做金六福，做五粮醇等。这就叫高档产品打形象，低档产品创利润。这就叫目标顾客的转变。

什么是向上延伸呢？比如说山东威龙葡萄酒公司。原来做的是一般的葡萄酒，那么后来随着企业实力的壮大，为了得到更多的利润，它在向上延伸，做干红、干白等。

何为双向延伸？比如说丰田汽车，原来做中档品，后来向上做凌志，向下做佳美、小明星等。

产品线的延伸有它的优点，也有它的弱点。

① 向下延伸的弱点有三个：

a. 老百姓不见得相信你。原来做高档品，你现在做低档品，人们还有所怀疑。

b. 你的销售队伍需要大幅度地转变。做高档品的销售队伍，和做低档品的销售队伍是有很大区别的。你要重新组织销售队伍。

c. 有可能导致内部互相残杀。

② 产品线向上延伸也有两个弱点：

a. 别人不相信你。

b. 销售队伍的整体需做调整，需要再建一支为高素质人群服务的专门的服务队伍。

(2) 产品线的缩短

假如说产品线太长了,缩短几个品种就能提高利润,那么就要缩短几个品种。扩大好还是缩短好,取决于哪种能带来更多的利润。

(3) 产品线的扩充

产品线的延伸是由于产品目标顾客的改变。产品线的扩充也是为同一类型目标顾客服务。比如说宝洁,既生产飘柔,又生产潘婷,还生产沙宣、海飞丝等,都是为同一目标顾客服务的。

(4) 产品线的特色

比如说北京有个王府饭店,王府饭店和一般的饭店也没有太大差别。但是它有一个总统套房,美国的两任总统都去过,一下子把形象树立起来了。生产线特色还有一种就是定一个很低的价格。比如说沃尔玛,一直在宣传每天都有一种产品线是全市价格最低的。目的就是引导人们前来购买。因为它是做商业的,有形产品一定,关键区别于价格。人们来购买得多了,其他产品也能卖得出去了。2000年左右,北京有个回龙观超市,每到周末必降价,结果周围的很多人都到它这里来购买。因此产品线特色有两种,一种是有意识地树立高端形象,一种是有意识地树立低价格的形象,到底做哪一种,取决于企业的定位及其选择。

(5) 产品线现代化

就是在产品线合适的情况下,如何掌握好产品线更新换代的节奏,是逐渐现代化呢,还是一下子现代化?产品更新换代太快了,老产品得不到一定的利润,产品更新换代慢了,就被竞争者给打下去了。当然了,产品更新换代的速度是不一样的。高科技产品,更新换代的速度快;大众的产品、普通的产品、传统的产品,更新换代的速度相对慢一些。这就叫产品现代化。

课程回顾

一、产品的整体观念

核心产品—具体产品—附加产品

二、产品组合

1. 产品组合：也叫产品品种的搭配，是指某一个特定的企业销售给消费者的一组产品，它包括生产线和生产项目。

2. 产品组合决策：

（1）扩大产品组合；（2）缩减产品组合。

3. 产品线决策：

（1）产品线延伸；

（2）产品线缩短；

（3）产品线扩充；

（4）增加产品线的特色；

（5）产品现代化的速度。

第十讲 产品策略五——品牌及其营销

本讲主要内容

一、什么是品牌

二、品牌营销策略

第一节 什么是品牌

（1）按照美国市场营销协会对品牌的定义，品牌是一种名称、术语、标志、符号或设计，或是它们的综合运用，目的是便于辨认某个销售者或某群销售者的产品和服务，并使之与竞争对手的产品和服务区别开来。换言之，品牌就是企业为了使自己的产品和其他的产品相区别，而设定的名称和标志的总和。品牌的最初动机就是便于消费者区别。就跟人一样，你叫王二，他叫王三。品牌的本质是给予消费者长期、稳定的承诺。因为消费者不是购买专家，随着社会分工越来越细化，随着人们时间成本越来越高，消费者怎么有能力将一个产品了解得非常明确呢？这就是消费者在购买中存在的风险。为了降低购买风险，消费者经常将一个人，或者一个企业的名称，或者一个产品的名声作为他降低购买风险的标志。从企业角度讲，随着企业在市场上产品销售量的提高，企业在消费者心目中的知名度也就越来越高，企业也利用了消费者爱屋及乌的心理来促进这个产品的销售。

说白了，品牌好比一个人的名声。既然说品牌是给予消费者长期、稳定的承诺，那么消费者感受承诺的程度有高有低，就导致品牌的形象有高有低。从而决定品牌的价值有高有低。名声高的叫名牌。名声低，名声差的，叫劣等品牌。一段时间是名牌，到了另外一段时间有可能转化成劣等品牌。为什么呢？一段时间是名牌，骄傲了，不虚心了，质量下降了，服务下降了，或者别的人提高了，就导致消费者对你品牌的评价下降。你的品牌形象下降，就导致品牌价值的下降，就落到劣等品牌的程度上去。所以说企业做一个品牌不容易，它必须不断地提高自己的有形产品，不断提高自己的无形产品，从而给消费者更大的价值，价值提高了，消费者的评价高了，然后就利用消费者爱屋及乌的心理，降低消费者购买产品所花的时间，大大促进产品的销售。

(2) 为什么说现在是品牌社会？换言之，为什么现代社会企业越来越重视品牌？原因很简单，企业是给消费者提供更大的价值来赢得消费者的信赖的，能否提供给消费者更大的价值，取决于消费者的理解，而消费者不是购买专家，害怕购买中的风险，所以经常将品牌作为他降低风险的标准。消费者需要品牌，企业需要品牌，因此来讲现在越来越形成品牌热，这就是现在为什么越来越重视品牌的原因。

品牌是有价值的。品牌的价值体现在三个方面：一是市场占有率。二是利润率。三是发展潜力。市场占有率说明现在消费者对其信赖，利润率说明它比一般的企业更能赢得消费者的信赖，换句话讲，消费者在目前对它更需求。发展潜力，是指消费者未来对它需求的程度。

(3) 为什么某一个行业现在品牌价值高，将来品牌价值就低了？现在市场占有率高，利润率大，但是一旦人们满足了，新的需求便产生了。十年前人们对家电产品有需求，人们现在对汽车，对房子，对旅游更需求。家电业的发展潜力没有过去那么大了，因为家电业的品牌价值相对稳定，而其他行业的品牌价值提高了。这就是品牌价值的由来以及品牌价值的体现。

(4) 品牌价值和有形产品是什么关系？品牌是消费者对产品的理解，是一个企业区别于另外一个企业的标志。消费者对产品的理解是通过有形产品反映的，你的产品质量好、服务好，我对你的评价高，你的品牌价值就高。反之，你的服务不好,你的质量不好,你的款式不好,消费者对你的评价不高,你的品牌价值就低。因此从根本上来讲,品牌的价值是建立在有形产品的基础上,品牌应该是一种无形产品,没有有形产品也就没有了无形产品。社会意识是社会存在的反映,社会意识一旦形成,它就脱离社会存在。换句话讲,人们对一个产品的评价,对一个企业的评价,就建立在它产品质量和技术服务的基础上,但是一旦认为对它形成了高强度的评价,即使它的服务、它的质量降低了,人们对它的高评价仍然会持续一段时间。假若这个企业目前的品牌质量不太好,服务也不太好,人们评价低,等将来它提高了,人们一段时间仍然维持着对它的旧的评价。但从长远来讲,人们的观念也是会改变的。

(5)怎么去提高品牌的价值呢?一方面重视有形产品的生产,重视质量、功能、款式和服务。另外一方面,要通过广告和宣传,来提高消费者对产品的理解,来消除消费者对你的那种不良的理解。现在的社会由于科学技术的进步,产品越来越同质化,在产品越来越同质化的情况下,谁会宣传,谁更会宣传,谁能消除消费者对不良形象的理解,谁就更具有竞争优势。现在社会越来越重视品牌,那是不是品牌就仅仅代表着产品品牌啊?从严格的意义上讲,品牌既然是名称,好比是一个人的名称,一方面有企业品牌、有产品品牌,另一方面,还有生产要素品牌。因此现在每一个企业每一个产品都要创品牌,生产要素也想创品牌。比如说,哪一个工程师最好?哪一个经理人最好?哪一个企业家最好?哪一个技术工人最好?哪一个销售人员最好?想不起别人来能想起你来,说明你更具有竞争优势。

(6)什么是品牌名称?品牌中能用文字表达的部分叫品牌名称。比如说海尔、海信、澳柯玛。品牌中不能用文字表达的部分标志图案,叫品牌标志。大的产品、大的企业,既有品牌名称也有品牌标志。小企业往往有品牌名称没有品牌标志。将品牌名称的全部或者一部分到国家有关部门注册后,就成了商标。

(7)品牌和商标是什么关系呢?商标是受到国家保护的,品牌中有受到国家保护的部分,有不受到国家保护的部分。商标注册的原则在世界上不同国家是不一样的。很多国家是注册优先,谁先注册就承认谁,这就出现了抢注。也就是说,你的企业名称,你的产品名称,如果你没有到国家商标局去注册,而别的人注册了，国家保护他不保护你，你不能叫这个名字，你要叫这个名字可以，拿钱把你的名字购买回来。还有些国家是使用优先，谁最先使用我就承认谁。英国等国家就是使用优先。我们国家是注册优先。

第二节 品牌营销策略

1. 怎么宣传自己的品牌

一般来讲应从属性、利益、价值、文化、个性、使用者六个方面来宣传。

（1）宣传产品的属性。如质量、功能、款式等。

（2）利益。宣传属性就要宣传品牌的利益。比如说鄂尔多斯的羊绒衫质量好，能让人们温暖。

（3）价值。品牌的属性能转化成品牌的利益，而利益又能转化成价值。价值是什么？人们的主观评价。

（4）文化。在品牌价值的基础上又出现了文化。一提起奔驰人们想到了什么？想到了严谨的德国文化，古板，但是精益求精。

（5）个性。在文化的基础上又能想到个性。提到北大想到了什么呢？忧国忧民的热血青年。

（6）使用者。谁使用奔驰？人们往往觉得使用奔驰的是成功者，起码是三四十岁以上的人。如果二十多岁的人开个奔驰，你会觉得可能他父亲是老板。

所以来讲，一个品牌包含着六层含义，属性、利益、价值、文化、个性、使用者。要宣传一个品牌，重点要从这六个方面去宣传。但现在一般企业，往往只宣传属性、质量、利益，这是不够的。一个有价值的品牌，一个新的品牌，往往应多宣传价值、文化、个性。

2. 品牌的有无

现在是个品牌时代，大量的企业或者产品都创造品牌，但是社会是在矛盾中前进的。有大量创造品牌的需求，也有无品牌的需求。品牌创造出来了，为创造品牌要花很多钱。消费者所以需要品牌，是为了降低购买的风险。如果产品质量相当接近，产品都普遍差不多了，没有购买风险了，消费者还愿意要这个品牌吗？这个时候就出现了无品牌。现在西方有一种产品没有品牌，比如面条、卫生纸等一些大众消费品。在没有风险的情况下，谁的价格最低就购买谁的。因此我们的社会有品牌就有无品牌，两者是相互转化的。

3. 品牌在所有权上的选择

（1）生产者品牌。由于使用自己的品牌能给生产者带来许多好处，所以绝大多数生产者都使用自己的品牌。如海尔、海信等。

（2）中间商品牌。尽管产品是你生产的，但你很不景气，我把你的订单买下了，你为我委托加工，尽管是你生产的产品，但是要打上我的商标。英国有一家商场，90%的品牌属于自己。为什么会出现这种现象？因为生产商激烈的竞争，导致很多企业维持不下去，有实力的中间商就来收购它们，就来给它们下订单。

（3）特许品牌。比如说麦当劳。麦当劳的名声很好，很多餐饮业也需要它的名声，就用麦当劳的名称，交一笔特许使用费。

（4）混合品牌。比如说创维。在国外用别人的品牌，因为消费者不认自己的品牌，只好为别人委托加工，做OEM。在国内，则用自己的品牌，也允许一些产品用它的品牌，既然产品品牌能赚钱，为何不租赁呢？

4. 品牌名称的设计

为了使自己的品牌名字独树一帜，与众不同，要重视名称的设计。在我看来，给品牌起名字，给产品起名字，比给孩子起名字还难。为什么呢？给孩子起名字，只不过寄托了父母望子成龙的心理。但给产品起名字，不仅寄托着生产者望子成龙的心理，而且还要迎合消费者的心理，便于传播。一般来讲，给产品起名字，有以下几个方面要注意。

（1）合法

生产者往往为了迎合消费者的需求，尤其是迎合消费者某些不健康的需求，结果起的某些名称不合法。比如,21世纪初,报纸有个报道:广东有一家企业,是生产洗面奶的,给自己的洗面奶起名字叫"二奶"牌洗面奶。这个名字迎合了现代社会很多人的不健康的需求,叫了"二奶"以后还卖得蛮好呢!但是一段时间以后,政府取缔它,不让它叫。结果,前期的投入、宣传、广告包装全白费了,损失惨重。叫"二奶"牌洗面奶,违背了我国一夫一妻制的法律规定。

(2) 与产品特征相联系

比如说可口可乐。一听名字就知道是饮料。其他诸如:奔驰汽车,雪花冰箱,北冰洋饮料,百事可乐等。一听到这些名字就想到产品,会给你一种良好的想象空间,有利于提高你对产品的评价。

(3) 简洁明快,容易读、容易记,便于传播

换句话讲起名字的时候,卷舌音不要太多,卷舌音太多了,人们说不出来,于是就不愿意说了。因为说出来怕被人笑话。尤其中国是个集体主义的国家,被人笑话多没面子。另外笔画不要太多,笔画太多了,消费者写起来麻烦。选字也不要太冷僻,一看都不认识,不认识读别字不好意思,就不读了。

(4) 要与时代的特征相联系

比如20世纪80年代我们国家很多品牌的名字叫阿里斯顿。为什么叫这个名称?利用了消费者对外国产品崇拜的心理,提高对这些产品的评价,有利于产品的销售。在新中国成立前我们国家有一种毛线叫抵羊牌。早在20世纪30年代的时候,中国受到东洋、西洋两大帝国主义的压迫,人们从心理上希望能够抵御它们。抵羊牌毛线从心理上迎合了人们爱国的热情,因此销售得很快啊。

(5) 符合传统习俗,符合中国人的习惯

比如,喜临门白酒,金利来领带,迎合了传统的中国人的心理,因此很畅销。TCL彩电非常有名,但是TCL彩电在中原推广时困难重重。为什么呢?中国是象形文字的国家,老百姓叫TCL叫不出来。于是TCL推广得非常艰难。在这种情况下它们就适应消费者的需求,起了一个消费者喜欢的名字,叫王牌。中国人就喜欢做大王,就喜欢做第一。后来消费者买彩电,根本就不说TCL王牌,干脆叫王牌彩电,很

自豪。

（6）不要用地名

俗话说，"风水轮流转，明年到我家"，用地名做品牌名称无疑要受到许多限制。比如，广东月饼在20世纪80年代末90年代初走俏全国，这是由于广东得改革开放风气之先之故。随着全国逐步走向开放，广东的领先地位越来越让位于内地，在这种情况下，再打广东月饼之名，还能取得过去那样的成效吗？正因如此，人们一般不用受到很大限制的地名做品牌名称，而选用一个超越时空限制的名称。

（7）不要轻易改名。名字一旦起定，不要轻易改

原因在于改名需要花两部分成本，一是去掉原品牌名称在消费者心目中的影响，二是加强新品牌名称在消费者心目中的影响。搞得不好的话，老名称没去掉，新名称没记住，将大大混淆消费者对产品的理解。

5. 品牌名称管理

在一个产品成功的基础上，再做其他的产品，怎么起名字？原则是既要有区别，还要有联系。有区别是便于分清，有联系是便于在一个成功的基础上把另外一个推出去。以下有四种品牌名称策略可供选择。

（1）个别品牌名称。每种产品使用不同的品牌名称，如，五粮液酒厂生产的白酒采用"五粮液""五粮醇""五粮春""尖庄"等不同品牌，上海牙膏厂生产的牙膏采用"美加净""中华""白玉"等品牌。采用这种策略，能够严格区分不同产品和品种，区别质量档次。企业生产高、中、低档产品，可以适应市场上不同层次的消费水平，扩大市场容量，以取得规模效益。采用这种策略，企业承担的风险较小。因为，即使有一种品牌的商品不受市场欢迎，也不会影响到本企业其他品牌商品的销售，不会对企业整体形象造成不良影响。但企业要为每一个品牌分别做广告宣传，促销费用高，消费者也不易记住，难以树立企业的市场形象。

（2）同一品牌名称。企业所有的产品使用同一品牌，如日本的"日立""索尼"，我国的"海尔""长虹"等公司所生产的家用电器都使用单一品牌。它的好处

是推出新产品时可省去命名的麻烦，并可节省大量的广告费用；如果该品牌已有良好声誉，可以很容易地用它推出新产品。但是，任何一种产品的失败都会使整个家族品牌蒙受损失。因此，使用单一品牌的企业，必须对所有产品的质量严格控制。

(3) 分类品牌名称。企业所经营的各类产品分别使用不同品牌，即一类产品使用一个品牌，如美国西尔斯公司就采取这种策略，它的家用电器、妇女服饰、家具等分别用不同的品牌。有些大企业生产经营的产品种类繁多，吃、穿、用俱全，也不宜用单一的品牌，如食品和化肥、化妆品和农药等，不宜用同一品牌。比如说，"活力28"这个品牌名称在进行品牌扩张时就具有局限性，它可以在洗衣粉、洗涤剂、农用化肥等方面扩展，但用在化妆品、衣服等方面肯定不行，因为化妆品、衣服讲求的是轻柔、温和，而绝不是强大的力量。

(4) 企业名称加个别品牌名称。在每一品牌名称之前均冠以公司名称，以公司名称表明产品出处，以品牌名称表明产品的特点。例如，美国凯洛格公司就采取这种策略，推出"凯洛格米饼""凯洛格葡萄干"。再如北京大学每成立一个新的院系，往往在院系名称前冠以学校名称，如"北京大学新闻学院""北京大学教育学院"等。企业采取这种策略的主要好处是，既可利用公司名称推出相关产品，节省广告宣传费用，又可使各种不同的新产品各有不同的特色。

6. 品牌的策略决策

(1) 多品牌。宝洁就是多品牌。同样都是洗发水，叫海飞丝、叫飘柔、叫潘婷、叫沙宣，等等。好处是什么呢？一是激发内部的热情。二是在商场里面，有一个扎堆效应。坏处是什么呢？有可能是内部自相残杀。

(2) 合作品牌。比如说小天鹅洗衣机隆重推出碧浪洗衣粉，碧浪洗衣粉隆重推出小天鹅洗衣机，两个相互配合，一个成功了，把另外一个推出去。

(3) 商借品牌。比如说森达。江苏森达的皮鞋很有名气，但是在成名之前，借别人的品牌推销自己的品牌。荣事达是借着上海"水仙"的品牌。海尔是借着德国利勃海尔的品牌。当然，借给别人企业品牌得了许多钱，但是扶持借品牌的企业发展起来了。森达起来了，上海的那个皮鞋厂不见了。荣事达起来了，"水仙"下去了。海尔起来了，德国的利勃海尔不见了。德国（利勃海尔）的老总讲，建厂五十多年来，最大的失误是培养了一个不该培养的竞争对手。所以，尽管品牌能赚钱，当把品牌借出去的时候，你得想到风险，别人通过学习能大大缩短和你的差距的风险。

课程回顾

一、什么是品牌

品牌是一种名称、术语、标识、符号或设计，或是它们的综合利用，其目的是借以辨认某个销售者或某群销售者的产品或服务，并使之与竞争对手的产品和服务区别开来。

二、品牌营销策略

（一）怎样宣传品牌

从六方面着手：属性、利益、价值、文化、个性、使用者。

（二）品牌的有无

（三）品牌所有权的选择

1. 生产者品牌。

2. 中间商品牌。

3. 特许品牌。

4. 混合品牌。

（四）品牌的设计

1. 合法。

2. 与产品特征相联系。

3. 易读易记。

4. 与时代特征相联系。

5. 符合习俗。

6. 不用地名。

7. 不轻易改名。

(五)品牌名称管理

1. 个别品牌名称。

2. 同一品牌名称。

3. 分类品牌名称。

4. 企业名称加个别品牌名称。

(六)品牌的策略决策

1. 多品牌。

2. 合作品牌。

3. 商借品牌。

第十一讲 产品策略六——服务营销

本讲主要内容
一、什么是服务
二、服务营销策略

第一节 什么是服务

1. 服务的概念

随着科学技术传播速度的加快，随着产品质量的提高，随着顾客日益追求精神生活，顾客的购买意识在很大程度上取决于他们对产品以外价值的感觉，比如说品牌、宣传、促销等。优质的服务成了一种额外的价值，它在影响顾客的购买心理上发挥着积极的作用，所以现在社会越来越重视服务。在营销学看来，服务就是单独出售，或者连同产品一起出售的活动、利益和满足感，并且不导致任何所有权的改变。怎样理解服务的概念呢？

第一，服务是一种活动，是一种努力，是看不见摸不着的。

第二，服务可以单独出售，比如说法官的劳动，政府的劳动，医生的劳动，演员的劳动，教师的劳动等。

第三，服务可以连同产品一起出售。比如说冰箱的出售，既能给消费者带来产品实物的满足，同时，由于你的态度，你的工作质量，你所在的环境氛围，你的品牌，又能使消费者在有形产品之外产生一些额外的理解。这些额外的理解，能够增加消费者的价值，有利于产品的销售，这就是服务。

第四，服务不导致所有权的改变。也就是说，你今天晚上购买了毛阿敏的两个小时的歌唱，你不能说你把毛阿敏本人购买了过来，你购买的是使用权，不是所有权。为什么服务业难做？就因为有形产品交换的是所有权，而服务交换的是使用权。为什么现代的企业管理难呢？就因为你购买的是工人八个小时的劳动，不是工人的所有权。

银行、宾馆、饭店、酒楼、航空公司、律师事务所、管理咨询公司、模特公司等，这都是服务业。随着人们生活水平的提高，新的服务业种类在不断地出现，比如说家政服务，过去都是自己收拾家，现在委托别人来料理家。还有心理诊所、职业介绍所、婚姻介绍所、家教介绍中心、婚礼公司、会展公司、会议举办公司和私家侦探所。它们做的就是服务营销。随着企业竞争的激烈，产品越来越同质化，在产品差不多的情况下，比你的服务，比你的品牌，比你的宣传，比你的营销的技能。

现在的工厂实际上分为两部分。一部分是生产工人，他们专门生产有形产品。一部分是管理人员，如供应、财务、营销等，他们实际上成立了一个服务工厂，专门为生产有形产品的工人服务。这个服务产品能大大提高消费者对有形产品的理解，大大提高有形产品的价值。现在搞的MBA培训，以及各种经理培训，目的就是提高服务人员的工作技能。车间人员的工作技能，已经相当标准化了，他们在改进有形产品上已经很难有发挥作用的空间了，但是在无形产品上，在服务产品上，发挥作用的空间还是非常大的。

现在人们通常说的服务，基本上都是狭义的服务。狭义的服务，指安装、送货、维修、咨询等。广义的服务，指有助于提高有形产品价值的一切活动。包括安装、咨询、维修等，也包含宣传、促销、品牌推广等活动。因此企业在重视有形产品的同时,更应该重视无形产品的生产质量。

2. 服务的种类

服务产品更多的是无形产品的范畴,在无形产品和有形产品结合上往往有以下种类:

(1)纯粹的有形产品

此类供应主要是有形物品,诸如香皂、牙膏、食盐等。产品中几乎没有伴随服务。

(2)纯粹的无形产品

比如说某一个演员要来表演,没有任何化妆,没有任何道具就是清唱。(实际上,纯粹的无形产品,纯粹的有形产品是不多见的,生活中大家常见的是有形产品和无形产品的混合。)

(3)大量的服务伴随着较小的有形产品

比如说演员的表演,更多的是演员的劳动,但是化妆也起作用,道具也起作用,整个环境的现场布置也起作用,这叫大量的服务产品伴随着少量的有形产品。

(4)大量的有形产品伴随着少量的无形产品

比如说冰箱的销售,放在一个商店里面,环境的氛围、营销人员的劳动,都对这个冰箱的销售起作用,都能提高消费者对冰箱的理解。

(5)服务产品和有形产品基本上各占50%

比如说饭店的服务。一方面享受饭菜给你带来的满足,另一方面是环境氛围、服务人员的良好服务给你带来的满足。两个方面所占的比重差不多。

3. 服务的性质

尽管商品与服务的组合可以有着千变万化的差别,但归纳起来,不外乎以下四种服务:

(1)服务可区分为以人为基础的服务(擦窗、会计)和以设备为基础的服务(自动洗车设备、售货机)。以人为基础的服务也可根据其是否由不熟练的、熟练的或专业的工作人员提供加以区分。

(2) 有些服务需要顾客在场,而有些则不需要。如做脑外科手术的顾客就必须在场,而修理汽车的顾客就不需在场。如果顾客必须到场,服务提供就必须考虑顾客的需要。因此,美容院经营者必将投资于店堂的装饰、背景音乐以及同顾客进行轻松的交谈。

(3) 服务亦可按满足个人需要(个人服务)还是满足企业需要(企业服务)来加以区分。服务提供者通常对个人和企业市场制定不同的市场营销方案。

(4) 服务提供者因其目的(营利或非营利)和所有权(私有或公有)不同可以产生四种完全不同的服务机构类型。显然,一家由私人投资开办的医院与私立慈善医院或教学医院的营销方案是有着很大差别的。

4. 服务的特点

服务主要有四个特点:无形性、不可分离性、可变性和易消失性。

(1) 无形性

服务是无形的。服务与有形产品不同,在被购买之前,是看不见、尝不到、摸不着、听不到和嗅不出的。如人们做"面部整形手术",在购买这项服务之前是看不见成效,病人在治疗前也无法预知结果。

为减少不确定性,购买者会寻求服务质量的标志或证据,将根据看到的场所、人员、设备、传播资料、象征物和价格,做出服务质量的判断。因此,服务提供者的任务是"管理证据""化无形为有形"。如果说,产品营销者受到的挑战是增加抽象观念,说明对消费者提供的利益,那么服务营销者受到的挑战则是在抽象供应上增加有形证据。考虑如下事例:

假定一家银行意欲将自己定位为一家服务快速而有效的银行,该银行可通过几种工具使定位战略"有形化"。

①地点。银行的有形环境必须暗示出快速和有效的服务。银行的外部和内部的设计应简洁明快,对办公桌摆设和人行通道的安排应认真设计。排队等待的顾客不应过长。等待贷款职员接待的顾客应有充足的座位。背景音乐应起到加强服务效率观念的效果。

②人员。银行工作人员应是忙碌的。他们应做到衣着得体,不要穿那些花里胡哨的服装,以免使顾客对银行职员和服务做出反面判断。

③设备。银行的设备——计算机、复印机、办公桌,应当看上去具有现代感和"艺术情趣"。如果办公设备太陈旧,会从反面增强顾客的想象力。在日本,自动出纳机越来越现代,能在9秒钟而非14秒钟内点清现金。甚至,日本债券信用银行的现金出纳机还有盲文信息以及货币外形损坏的指示记录。

④传播资料。银行的传播资料——文件和图片,应体现高效率和快速。宣传小册子应做到印刷清晰,层次分明,图片也应经过认真选择。贷款说明书应打印整洁,广告宣传应能说明银行的市场定位。

⑤价格。银行应始终保持各种服务定价简单明晰。

（2）不可分离性

服务的产生和消费是同时进行的,这与有形产品的情况不同。后者是商品被制造出来后,先投入存储,随后销售,最后消费。这意味着服务提供者和顾客的相互作用是服务营销的一大特征,说明提供服务的人和顾客两者都对服务的结果产生影响,所谓"一个巴掌拍不响"讲的就是这个意思。以娱乐和专业服务的情况而论,购买者对提供者是谁无疑是非常关心的。如果在宣传有毛阿敏出席的演唱会上,报幕员宣告说,毛阿敏有事未到,将由其他歌手代替,相信观众一定会大为恼火,因为许多人就是冲着毛阿敏才去的。

当顾客对服务提供者有强烈的偏好时,办法之一是用价格作为标准合理分配受偏爱的提供者的有限的时间。办法之二是加强对提供者的培训,提高其工作技能,最大限度地满足消费者的需求。例如,新加坡航空公司认识到在以人员为基础的服务中提供者的重要性时,制定了非常严格的雇用标准,据称新加坡空姐申请者的淘汰率高达98%。办法之三是训练服务提供者学会为大群体服务。在西方,心理分析师已经从一对一的单独临床治疗改为小群体治疗,继而扩大到在一家旅馆大厅里为300多人的群体治疗。办法之四是服务提供者学会加快服务速度,例如,前述的心理分析师每次用30分钟而不再用50分钟看一个病人,以便看更多病人。办法之五是按照消费者的偏好训练更多的服务提供者。

(3) 可变性

服务具有高度的可变性,因为服务取决于由谁来提供及在何时、何地提供。一般来说,由高水平的医生做的心脏手术比一位缺乏经验的医生做的手术成功概率要高得多,然而即使再怎么高水平的外科医生每次做手术时的精力和心理状态也会不同,这意味着服务产品可变性系数高。服务购买者认识到购买服务的可变性系数很大,因此在选择服务提供者之前总是要和家人、亲戚、朋友、同事仔细商量。

服务公司可通过以下三个步骤加强对质量的控制:

第一步,挑选优秀的工作人员并进行培训。例如,航空公司、银行和大饭店都不惜花大笔费用来训练员工以提供优良服务,以至于无论到哪一处的香格里拉饭店,都会发现礼貌、有亲和力和乐于助人的员工。

第二步,将服务实施过程标准化。对服务的事件和程序要通过流程图来实现,其目的在于了解可能存在的服务缺陷。

第三步,通过顾客建议和投诉系统,对顾客进行调查和对比购买情况,追踪顾客的满意度。用这种方法使质量较差的服务被察觉出来并设法改正。

(4) 易消失性

服务不能存储。许多宾馆之所以对未能按事前约定时间前来的顾客仍要收费,其原因在于服务的价值只存在于当旅客前来住宿的这一段时间。当需求稳定时,服务的易消失性不成为问题,因为服务所需的物品可事先准备。当需求上下波动时,服务公司就会碰到难题。例如,公共运输公司由于早晚交通拥挤时间所需车辆多于全天的平均水平,因而必须拥有更多的运输设备。

服务企业可通过如下措施解决需求与供给两者之间的不均衡问题:

①可采用差别定价方法使某些需求从最高峰转移到非高峰时期。例如,公园可采取在需求高峰(节日)定高价,在需求低潮(非节日)定低价的方法平衡供需矛盾。

②可开发非高峰需求。如麦当劳公司开展早餐服务。

③可在最高峰时期开展补充性服务,供等候接待的顾客选择。例如,银行可设

置自动取款机。

④建立预订制度。目前，航空公司、旅馆和医生已广泛应用这种方法。

第二节　服务营销策略

1. 服务营销的特点

（1）复杂性。服务业的需求主要是精神需求，它更复杂，更难以琢磨。

（2）易模仿性。比如说咱们都开饭店，质量都差不多了。我桌子上放一束鲜花就有竞争优势。你也可以放一束鲜花，我又没有竞争优势了。

（3）服务质量感知的滞后性。生活中有句话，"不亲口尝一尝，就不知道李子的滋味"，但是，你亲口尝了就一定知道李子的滋味吗？生活中有的产品，消费者没尝试前，就知道它的质量，比如说我要买个铅笔、橡皮、笔记本。有的产品尝试了才知道质量。比如说饭菜、宾馆的服务等。还有一种产品品尝了也不知道。比如说医生的服务，医生给病人开刀，有时几个月之后才能感受到质量。由于服务业的质量不容易被消费者所感受，因此服务品牌、服务态度就显得特别重要。

2. 服务营销战略

（1）管理差别化

服务营销要取得竞争优势，一定要制造差异。差异能通过很多办法来制造。比如说服务产品的内容上有差异，定价上有差异，宣传上有差异，促销地点上也能有差异，这是传统的4P。服务营销除了传统的4P之外，又加了三个P。

一是工作人员。工作人员的选拔和培训，能大大提高你的竞争优势。二是实体环境。装潢如何，环境氛围如何，也能化无形产品有形化，降低消费者购买的风险。三是工作程序。就像麦当劳一样，做一个"技术"汉堡包，你干什么，我干什么，他干什么，有一个严格的分工与工作程序。餐饮业过去都是消费者到餐馆来就餐，现在出现送餐服务。尽管服务业的竞争很容易被人模仿，很难长期保持竞争优势，但是也有一些服务公司，靠着不断地研究和开发，取得长久的竞争优势。比如中国招商银行是个服务行业，招商银行搞了一卡通，搞了一网通，结果它搞一个大家模仿一个，但是它能不间断地进行差异化，因此逐步拉开和别人的差异。

（2）怎么管理服务业的服务质量

有时候感觉服务质量很好，但是消费者不认可，消费者为什么不认可？往往有五种原因：

①消费者期望和管理者认知之间的差距。病人期望在医院里医生能经常来看望他一下，但是医生往往没意识到这一点。

②管理者认知和服务规范之间的差距。医生明白病人要求经常去看望他，但是到底一天看几次？什么时间去？没有一个明确的服务质量规范。

③服务质量规范和服务提供差距之间的差距。我制定了质量的规范要求，但是服务提供者做不到。

④服务提供和外部传播之间的差距。服务提供只能做到这个样子，但对外传播得更好，消费者的预期更高，结果对所接受的服务质量不满意。

⑤预期服务和认知服务之间的差异。病人希望医生经常去看看他，但是医生看得多了，病人还有怀疑，是不是我有问题了，不然他为什么总是来？原因就在这里，优秀的服务公司是怎么做的呢？

● 战略概念。名列前茅的服务公司十分了解其目标市场和顾客的需要，并尽力加以满足。它们为满足这些需要制定了明确的战略，以赢得顾客的长期信赖。

● 最高管理部门有负责质量管理的传统。诸如新加坡航空公司、迪士尼和麦当劳等公司的管理层不仅按月核查财务业绩，而且也核查服务业绩。例如，麦当劳公司坚持连续地评估该公司的每个商店在QSCV，即质量（Quality）、服务（Service）、清洁（Cleanness）和价值（Value）方面是否符合要求，并淘汰不符合要求的特许经销商。

● 规定高标准。最佳服务提供者一般都为其服务质量规定很高的标准。例如，新加坡的长琦航空公司定期开展调查并制定出几个有效的评估目标，如90%

以上的乘客服务时间在10秒内，乘客的等票时间不长于8秒等。

必须指出的是，建立质量标准应有适当的高度。例如，精确度到98%听起来很好，却使联邦快递每天丧失了6400个包裹；允许每页纸上拼错10个单词，每天就会写错400000份药方。因此，区别一个公司服务绩效的关键就在于它是仅提供"最起码"的服务还是"有突破"的服务。企业应该瞄准100%的无缺点服务。

● 服务绩效监督制度。一些较大的服务公司对本公司的服务绩效和竞争者的服务绩效均定期地进行审计。它们使用的方法有比较性购物、佯装购买、顾客调查，以及向顾客发放建议与投诉表格等。例如，通用电气公司一年发出70万张调查卡给许多家庭，请他们对公司服务人员的绩效进行评比。花旗银行还制定了服务绩效标准ART，即按照准确性（Accuracy）、反应性（Responsiveness）和时间性（Timeliness）等标准对下属银行进行检查。它还经常"佯装购买"，以发现其雇员是否提供良好服务。

● 建立、健全顾客投诉制度。美国许多研究报告指出,购买者中约有25%的人是不满意的，但是不满意的人中只有5%的人投诉，另外的95%或者认为投诉不值得，或者不知道怎样投诉和向谁投诉。

在这5%的投诉者中只有大约50%的问题得到圆满解决。而满意地解决顾客的问题是十分必要的。一般来说，一个满意的顾客会向5个人介绍好产品的优点，而一个不满意的顾客会向11个人讲述产品的坏话。假若这些人再去传播的话，坏话的传播就会指数般地上升。

然而，得到满意解决的投诉者往往会比从没有不满意的顾客更容易成为公司最忠诚的客户。据研究，34%的重大问题投诉者，在问题解决后会再次购买该公司的产品，而小问题投诉者在问题得到满意解决后的重购率则高达53%。如果公司能够迅速解决投诉，则重购率将在 52%(主要问题投诉者)和95%(小问题投诉者)之间。

因此，公司需要制定一个服务恢复方案。第一，公司要方便不满意顾客的投诉。应通过提供意见建议和投诉表格，以及设立投诉"热线电话"来解决这个问题。第二，公司负责受理投诉的员工要受过良好培训，并授权他们迅速而圆满地解决顾客的问题。研究报告指出，公司对投诉的反应越快，补救率越高，态度越好，顾客对公司的满意率就越高。第三，提供的满意要超出顾客的要求。通过研究投诉的案例，公司要发现和纠正造成经常性问题的根源。

(3) 怎么提高服务的生产率

①使服务提供者更加努力地工作或工作更加熟练。要求服务提供者努力工作不一定是解决问题的好办法，但可通过筛选和训练提高他们的工作技能。

②在某种程度上用放弃服务质量的方法来增加服务数量。例如，在政府各级保健组织中工作的医生已开始扩大诊治病人的人数，同时减少诊治每个病人的时间。

③通过增加设备和标准化生产来实现"服务工业化"。这方面最具代表性的企业就是以麦当劳公司为代表的快餐零售业所采用的装配线方法，麦当劳公司用"制造业态度"来对待服务产品的生产，最终生产出高效率的"技术"汉堡包。

④用发明一种产品的办法减少或淘汰某种服务需要。如电视机代替了户外娱乐；快干和免熨的衬衣减少了对商业洗衣店的需要；自动热水器减少了对宾馆服务人员的需求。

⑤设计更加有效的服务。如雇请辅助法律工作者可减少对费用昂贵的法律专业人员的需要。

⑥鼓励顾客用自己的劳动代替公司的劳动。例如，自助餐厅用自助服务代替了服务员的劳动。

⑦利用技术的力量。人们常常在制造企业中考虑用技术的力量节约时间和成本，其实，它在提高服务人员效率方面也是有巨大潜力的。现在，"高技术"正在代替"高接触"。例如，许多物业管理中心都安装了应答机，24小时回答投诉问题，从而大大节省了保安成本。再如，自动取款机使顾客与银行员工的接触越来越少。

值得注意的是，公司应避免那种一味追求提高生产率而使顾客认知质量下降的行为。有些提高生产率的手段，可以使质量标准化，从而提高顾客满意程度；但是，也有其他许多提高生产率的手段会导致过度标准化，从而使顾客个性化服务的要求无法满足。

课程回顾

$$\text{服务营销}\begin{cases}\text{什么是服务}\begin{cases}\text{服务的概念：从四个方面理解}\\\text{服务的种类：五种}\\\text{服务的性质：四种}\\\text{服务的特点：四个}\end{cases}\\\text{服务营销策略}\begin{cases}\text{服务营销的特点：三个}\\\text{服务营销策略：三个}\end{cases}\end{cases}$$

第十二讲 定价策略一
——基础价格的制定

本讲主要内容

一、定价的重要性

二、基础价格的制定

第一节 定价的重要性

在营销的四个最基本的手段当中，提高产品质量，增加广告宣传，增加网络的设置，这都是提高企业运营成本的，唯独价格是直接给企业带来利润的。另外3P，消费者需要一段时间才能感受得到，而价格，消费者非常敏感，当场就能做出反应。消费者经常用价格来判断质量，因为消费者不是购买专家。他要降低购买风险，经常用价格作为判断质量的标准。另外，随着消费者对事物认识的提高，以及收入的提高，越来越淘汰低档品，这意味着你的产品越是定低价，消费者反而越不买。

综上所述可以看出，定价是一门学问，也是一门艺术，企业应该重视价格的制定。

（一）现实生活中令人费解的定价现象分析

（1）为什么某些产品定低价卖不出去，定高价后却供不应求？比如说河北有一家陶瓷企业，原来价格定得低，卖不出去，后来老板气坏了，一下子把价格抬高了好多，和国外的一些品牌价格相仿，结果供不应求。这是消费者什么心理在起作用？

第一，消费者的收入提高了，能买得起高价的商品。

第二，与其产品性质有关。陶瓷产品价格定低了，就是建材，就是低值易耗品，定高了消费者会认为它是艺术品，是奢侈品。

第三，消费者不了解产品的质量，把价格作为判断产品质量的标准。在这三种情况下，定低价卖不出去，定高价后，消费者反而会关注，前提是质量必须过硬。

从以上案例可以看出，大众品和奢侈品的定价是有区别的。大家可以看图1。

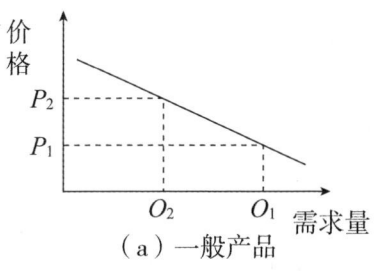 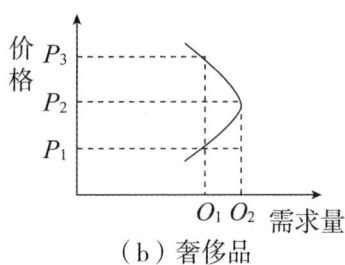

图1

图（a）是一般产品的需求曲线。价格高了，买的人少，价格低了，买的人多。图（b）是炫耀品、礼品、奢侈品的需求曲线。价格降低了，反而需求不旺，随着价格的抬升，需求增加，高到一定点，消费者又买不起了，需求下降。化妆品就带有这个特点。定低了没人要。顾客会想：我这么漂亮，竟用这么低价的化妆品啊，太掉价了吧！所以，化妆品的价格普遍偏高。当然得有前提条件。第一，人们买得起，第二，人们把它作为高档次的一种象征。

（2）为什么某些产品降价才能大规模地刺激需求？比如说长虹，1998年以前的长虹彩电，屡屡降价，屡屡成功。再比如说中国的航空公司，一降价，马上刺激需求，很多人坐飞机回家。为什么某些产品降价后人们才能购买？它的前提是现代社会人的收入还普遍买不起这种产品，只有降价才能刺激需求。生活中有人看到别人定高价卖得出去，自己也定高价，结果别人卖得出去，他却卖不出去。什么原因呢？产品性质不一样。

（二）在定价问题上的几个关键的词汇

1. 价格弹性

价格弹性是需求量变动的百分比和价格变动百分比之间的比较。换句话讲，价格下降一个百分点，需求量增加了几个百分点？如果价格下降了一个百分点，需求量增加了几个百分点，这种产品是富有弹性的，这种产品就需要降价，降价才能刺激需求。假若价格下降一个百分点，需求量的增加不超出一个百分点，这种产品缺乏弹性，降价是吃亏的。只能是通过逐步提高产品的质量、功能、款式，通过众多广告提高消费者的认知，来逐步地提高价格。比如说现在的航空和火车，航空降价，能够迅速刺激需求。火车降价，对需求的刺激不明显。因此火车通过改变车厢的结构、提速、增加服务来逐步地提高产品的价格。

值得注意的是，一种产品降价能够刺激需求，但过一段时间后可能要提价。比如说长虹的彩电，1998年以前人们普遍买不起，降价了刺激需求。1998年以后，人们普遍能买得起了，再降价就是低档次产品，因此长虹通过技术创新，做背投彩电，做等离子彩电，逐步地提高价格来增加自己的利润。

2. 收入弹性

收入弹性就是需求量变动的百分比和收入变动百分比之间的比较。换句话讲，收入提高了一个百分点，需求量的增加超过了几个百分点，这就叫收入弹性高。反之，收入提高了一个百分点，而需求量增加不到一个百分点，这种产品是收入弹性低。高档产品、耐用消费品、娱乐支出，产品的收入弹性是高的，因为随着人们收入的提高，越来越愿意购买此类产品。比如说教育产品、美容品、化妆品就是这样。生活必需品，如大白菜、卷心菜、豆腐之类收入弹性是低的。收入再提高也不多买，因为就这么一个胃，买多了也吃不了。某些低档产品，如低档服装，收入弹性为负。也就是说人们生活水平越高，越要淘汰它。

3. 交叉弹性

交叉弹性就是一种产品价格下降了，看看另外一种产品需求量提高了还是减少了。假如一种产品价格下降了，需求量增多了，另一种产品的需求量增加了，这就叫互补品。比如说胶卷和照相机就是互补品。照相机的价格下降了，卖得多了，胶卷卖得就多了。假如一种产品价格下降了，需求量增多，另外一个产品的需求量却下降了，这就叫互替品。比如说可乐和茶饮料是一种替代品，买可乐的多了，显然买茶饮料的就少了。因此，企业在定价的时候，不仅要考虑自己产品的情况，还要考虑其他相关产品的情况，从而定一个合适的价格。

（三）在定价的问题上的三个关键图表

1. 价格区间（图2）

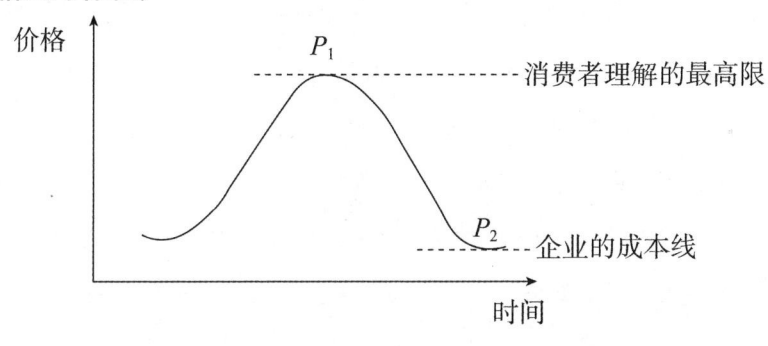

图2

最高不能高于消费者的理解，最低不能低于企业的成本线。价格到底定在哪里？价格取决于企业和消费者之间的讨价还价。为什么新产品价格高？因为刚刚开发的新产品，消费者不了解产品的性能和生产结构，在双方讨价还价当中，企业居于上峰。为什么企业做久了，产品价格要下降呢？除了供给需求以外，还与产品的信息，产品的性能、结构有关。因为，时间长了，消费者越来越了解你的成本了，在这种情况下，在双方的讨价还价中，消费者越来越居上风，你不降价消费者就不购买了。

企业怎样才能赚钱呢？产品最初一段时间价格高，过一段时间价格低了的时候，再开发一个新产品。企业就是这样长期和消费者展开博弈的。竞争者起什么作用呢？竞争者的价格就告诉了消费者你这个行业的成本的信息，因此消费者在与企业的讨价还价当中，越来越居上风。

2. **两种曲线图（图1）**

3. **价格与质量的组合（下表）**

质量＼价格	高	中	低
高	高质高价	高质中价	高质低价
中	中质高价	中质中价	中质低价
低	低质高价	低质中价	低质低价

这个表意味着如果企业在正常情况下高质高价，中质中价，低质低价，另外一家企业怎么来打击呢？中质低价，高质低价，高质中价。所以说，价格还有一个竞争的作用。在消费者的选择当中，信息是非常重要的。

有一个材料，说上海有一家企业是搞化妆品的，跟日本的一家企业围绕着一些合作因素来进行谈判。中方谈判的秘书是以前做过模特的一个工作人员，这个模特的老公是日本人。双方一进谈判场，这位女秘书发现日本的首席谈判代表就是自己的老公。在谈判的过程中，双方当然是讨价还价了。当这个中方的首席谈判代表决定降价的时候，女秘书就踢了这个代表一脚。这个代表就觉得，这一脚肯定就是信息。然后就安排中间休息五分钟。这个代表就问这个模特，你刚才为什么要踢我一脚？女秘书说你不要再降价了，因为对面谈判的是我老公，他决策的时候有一个习惯性的动作，一般人看不出来，我已判定他要做决策了，因此你不要再降了。大家看，这就是信息在价格谈判当中的作用。

第二节 基础价格的制定

(一)价格制定过程中要考虑的基本因素

1. 企业的因素

(1)定价的目标

企业假如立足于树立企业良好的形象,价格一定是高的。如果企业定位于扩大市场占有率,价格一定是低的。如果企业要处理库存,那价格肯定是相当低的。如果企业的目标是为了打击竞争对手,那有可能价格也是低的,甚至故意定低价,让竞争者的价格提不起来。假如企业追求当期收入最大化,价格可能是高的。因此企业的目标不同,决定了价格在哪个点上或者围绕哪个点而上下波动。

(2)与成本有关

①产品成本。每个行业,企业都有一定的最适规模,在某个规模上成本最低,效益最高,称为规模收益。比如说在一个课堂里面最多容纳80个人。你要招生,不能超过80个人。你招了90个人,就得两个教室,交两份房租,两个老师上课,成本大大提高了。

②经验成本。工作越来越熟练,生产成本也就越来越低。

③服务成本。比如等企业承担了送货任务,有一家采购商要求每天都送货,一定要最新鲜的产品。另外一家采购商要求两个周送一趟货。显然,给每天送货的价格要高。

2. 消费者的因素

(1)考虑消费者因素的时候要从三个方面考虑:

①考虑并影响消费者对价格的理解。一方面做品牌宣传、广告宣传,另外一方面,改进门店的装修,提高消费者对价格的理解。

②了解价格和需求的关系。一般情况下,企业每制定一种产品价格,该产品的

需求量都会发生不同程度的变化。通常价格与需求量成反比，但名牌产品和奢侈品除外。

（2）需求曲线显示的是市场对可能销售的产品的各种价格的全面反应。它概括了具有各种价格敏感性的许多购买者的反应。一般来说，有九种影响购买者价格敏感的因素。

①独特价值效应。产品越是独特，顾客对价格越不敏感。

②替代品了解效应。顾客对替代品知之越少，他们对价格的敏感性越低。

③难以比较效应。如果顾客难以对替代品的质量进行比较，他们对价格敏感性将降低。

④总开支效应。开支在顾客收入中所占比重越小，他们对价格的敏感性越低。

⑤最终利益效应。开支在最终产品的全部成本的费用中所占比例越低，顾客的价格敏感性越低。在日常生活中我们经常看到这样一种现象，有的人买了一件大件商品后，售货员或他的伙伴建议他再买点配套小产品，说"这么贵的东西都买了，还在乎这点小钱？买了得了"，于是这人咬咬牙买下了那件本不想买的配套产品。

⑥分摊成本效应。如果一部分成本由另一方分摊，顾客的价格敏感性降低。这就是为什么说"花自己的钱心疼，别人的钱不心疼"的原因。

⑦积累投资效应。如果产品与以前购买的资产合在一起使用，顾客对价格敏感性降低。

⑧价格/质量效应。如果顾客认为某种产品质量更优、声望更高或是更高档，则顾客对价格的敏感性降低。

⑨存货效应。顾客如无法储存某商品时，他们对价格的敏感性降低。如某人已经吃饱饭，此时即使看到了质量更好且价格更便宜的食品，他也不会再购买。

(二)确定价格的基本方法

1. 成本导向法

根据产品成本的导向,在平均成本的基础上,加一个合理的利润率,这就构成了现在的价格,商业和工业品制造业经常采取这种方法。优点是不赔本。弱点是不能满足消费者的需求。

2. 期望利润定价法

先估计一年赚多少钱,然后考虑在什么价格下能赚到这些钱。

3. 认知定价法

预计消费者能出五十块钱,就定五十元,一分都不浪费。美国的杜邦,中国的海尔,就是这种定价法,千方百计地通过宣传,提高你对产品价格的理解。小商小贩也是这种定价法。你来买一件牛仔裤,考虑到你不了解,给你定三百块钱,你很高兴买了。另外一个人懂行,花一百五十块钱买了。还有一个人更懂行,可能三十块钱就买了。

4. 价值定价法

就是预计你对产品的理解是五十块钱,就把价格定在四十五块钱,让你赚五块钱,让你高兴。沃尔玛、中国的国美、美国的西南航空公司都是这种定价法。

5. 随行就市法

竞争者定五元钱,我以此为基础,上下合理浮动。

6. 密封投标法

即引导销售者有意识地通过竞争成交的一种办法。价格太低了,害怕你的质量不过硬。价格太高了,不想让你来做。所以说,竞争投标的企业往往受残酷的心理折磨。既要了解对方的标底,还要自己不亏。

7. 拍卖法

即由卖方预先展示拍卖物品，买方预先看货，到规定时间公开拍卖，由买方竞争出价，不再有人竞争的最后一个价格即为成交价格。这种方法民间叫"叫行"。

（三）选定最终价格

前面讲述的定价方法是为了缩小最终价格选择的范围。在选定最终价格时，还必须加进一些其他因素，如心理定价法，其他营销因素对价格的影响，政府政策和其他各方（经销商、分销商等）的影响等。

1. 消费者心理定价

营销者除了考虑价格的经济学外，还应该考虑价格的心理学。所谓心理定价是指企业定价时，利用顾客心理有意识地将产品价格定高些或低些，以扩大销售。

（1）声望定价

企业应该重视声望定价，原因是由于消费者和生产者信息的不对称性，消费者很少能够准确地判断生产者的技术和质量状况，这样价格就成为消费者判断产品的一种很重要的质量信号（当人们能获得有关质量的真实信息时，价格就不是质量的指示器了）。在消费者眼里，价格述说着产品的某些性质。例如，市场上100多元一瓶的香水，除去瓶子之后可能只值10元，但是不少消费者就是愿意支付100多元，价格定低了还没人要。原因何在？因为这一价格代表着某种特殊的东西，这也就是很多化妆品企业要找当红影视明星做产品广告的原因。例如，在《还珠格格》中扮演格格的演员王艳当上了北京大宝洗面奶的形象大使后，包装加强了，价格也提高了，然而销售量不但没有下降，反而大增。又如各种感冒药的主要成本和疗效相差不大，但许多患者偏爱那些价格高的感冒药，这也是因为他们认为贵的药疗效更好。因此，当企业使用声望定价法时，营销人员必须考虑到价格的心理作用，而不仅仅是简单的经济作用。

（2）参考定价

销售商在为其产品定价时，常借助于参考价格。参考价格是顾客在购买产品时头脑中已有的,并用来参考的一个价格。参考价格的形成来源于当前的价格、过去的价格或购物的环境。例如,销售商可将产品放在高档商品中间出售,暗示两者是同类产品。时装店将女士服装按价格分别陈列在不同的柜台,人们会认为价格较贵的柜台上陈列的服装质量较高。商店可以标出制造商的建议零售高价,或指出该产品的最初定价很高,这都可以使人们形成参考价格的概念。

(3) 尾数、高位数、寓意数字定价

①尾数定价法是指在定价时,针对消费者的求廉心理,取尾数价,而不取高位数价格,使消费者产生价格较廉的感觉,以及定价认真的感觉。如某件产品,一个厂家定价300元,另一个厂家定价299元,实际的差价只有1元,但是心理差异却相当大,前者被认为属于300元的价格范围,后者却被认为属于200元的价格范围,相差了整整100元,难怪一样的东西,后者卖得比前者好得多。一般价格较低的小商品可以采用这种策略。

②高位数定价法则相反。对于高档商品、耐用商品或礼品,则应采用这种定价方法,让顾客产生"货真价实"的感觉,从而提高商品的形象,同时也满足某些顾客求荣的心理。例如,将礼品的价格定为510元,而不定为499元,前者是500多元的概念,后者是400多元的概念,其"身价"明显不同。这种定价法不仅提高了商品的"身价",还提高了购买者的"身价"。

③寓意数字定价法,是由于消费者对某些数字的谐音有不同理解,或者有不同的习惯用法,在定价时尽量采用消费者认为有好兆头的数字定价。例如,将商品定价为158元,其谐音为"要我发",以满足消费者希望发财致富的心理。

一般来说,在西方文化中,经常用奇数5、7、9定价,而在中国文化中,则经常用吉利的尾数"6""8"来定价。"6"预示着"六六大顺","8"预示着"发"。以"8"打尾的车号、电话号、手机号、房号,在中国最为抢手,以"6"打尾的尾随其后,最差的是以"4"打尾的,因为与"死"同音,以"4"打尾的车号、电话号、手机号、房号等都很难出售。

2. 其他营销因素对价格的影响

制定最后价格还要考虑到其品牌质量和竞争者的广告宣传。美国一些学者对227家消费品企业做了考察，认为在相对价格、相对质量和相对广告之间存在如下关系：

（1）相对质量水平一般，但具有高广告预算的品牌能产生溢价(超出正常水平的价格)。消费者愿意购买高价名牌产品而不是不出名的产品。

（2）具有相对的高质量水平和相对的高广告支出的品牌能产生溢价。反之，低质量品牌和低广告费用只能售低价。

（3）对市场领先者和低成长产品来说，在产品生命周期的最后阶段，高价与高广告费之间的正相关关系保持得最密切。

3. 政府的政策法令

在我国和其他许多国家，大多数产品和服务都是实行由经营者自主制定、通过市场竞争形成的市场调节价。然而企业有了极大的定价自主权，并不意味着企业能不受任何约束地定价。企业的定价要受到有关法律法规的制约，不得有违法行为，否则会受到制裁。瑞士霍夫曼—拉罗歇公司和德国BASF公司因从1990年到1999年2月在世界范围内操纵和控制维生素价格，受到美国司法部指控，被判处并分别交纳了5亿美元和2.5亿美元的罚金，霍夫曼—拉罗歇公司的全球市场销售部主任也被判处服刑4个月并判处罚金10万美元。1996年，北京百货大楼等8大商场和小天鹅洗衣机厂等9大厂家签订协议，联手统一北京洗衣机市场上9种洗衣机的零售价格的行为，也因为被北京市工商行政管理部门和物价管理部门认定是一种价格违法行为而被制止。在美国，限制企业垄断价格的反垄断的法律有1890年的《谢尔曼反托拉斯法》、1914年的《克莱顿法案》、1936年的《鲁宾逊—帕特曼法案》、1975年的《消费品定价法案》等。在我国，规范企业定价行为的法律和相关的法律规定有《价格法》《反不正当竞争法》《明码标价法》《制止牟取暴利的暂行规定》《价格违法行为行政处罚规定》《关于制止低价倾销行为的规定》和《关于价格垄断、价格欺诈、价格歧视行为的认定和处罚规定》等。因此，企业在选定最后价格和今后进行价格调整、价格变更时必须了解有关价格方面的法律，确保自己的定价政策具有可辩护性。

4. 其他方面的影响

管理部门也要考虑其他方面对拟定价格的反应。

第一，国际、国内的经济状况如何，是否通货膨胀，经济繁荣或萧条，利息率的高低等，这些因素将影响生产成本和顾客对产品价格和价值的理解。

第二，要考虑到分销商和经销商对此价格有何感想，公司销售人员是否愿意按该价格销售，还是抱怨价格太高？竞争对手对该价格会如何反应？当供应商看到公司的售价时，是否会提高他们的供货价格？

第三，社会的舆论也是必须考虑的一个因素。当企业决定产品的价格时，企业的短期利润、市场份额和利润目标都要服从于整个社会的需要。例如，2001年年底，著名经济学家茅于轼先生一篇关于首都机场饭菜价格极其高昂的短文，在社会上引起了很大反响，逼迫机场管理部门不得不进行价格调整。

课程回顾

一、定价的重要性

（一）生活中奇特的定价现象分析

1. 定低价卖不出去，定高价却供不应求。
2. 降价才能刺激需求。

（二）定价问题上的关键词汇

1. 价格弹性。
2. 收入弹性。
3. 交叉弹性。

（三）定价问题上的关键图表

1. 价格区间。

2. 两种曲线图。

3. 价格与质量的组合。

二、基础价格的制定

（一）需要考虑的基本因素

1. 企业因素。

2. 消费者的因素。

（二）确定价格的基本方法

（1）成本导向法；（2）期望利润定价法；（3）认知定价法；（4）价值定价法；（5）随行就市法；（6）密封投标法；（7）拍卖法。

（三）选定最终价格

1. 消费者心理定价。

2. 其他营销因素。

3. 政府的政策法令。

4. 其他因素。

第十三讲 定价策略二
——价格的变动及如何打价格战

本讲主要内容

一、价格微调

二、价格变动

第一节 价格微调

公司一般不是制定一种单一的价格，而是建立一种价格结构以反映诸如地区需求和成本、市场细分要求、购买时机、订单水平、交货频率、保证、服务合同和其他因素等的变化情况。在提供了折扣、折让和促销后，一家公司很少会从经销自己产品的各家经销商那儿获取相同的利润。这里我们将讨论几种价格修订战略：地理定价，价格折扣和折让，促销定价，差别定价和产品组合定价。

（一）地理定价

地理定价是公司根据顾客所处的不同地理位置来对产品进行定价。

（1）地理定价的难题之一是，公司应该对边远的顾客定高价以弥补高的装运成本和由此产生的业务风险，还是应该定低价以产生高额销售量。以下是五种地理定价方法：

①FOB原产地定价，意为在某一运输工具上交货的贸易条件。FOB原产地定价，指卖方负责将产品装运到原产地的某种运输工具上交货，并承担此前的一切风险和费用，而交货后的一切风险和费用包括运费则由买方承担。这样，每个顾客都各自担负从原产地到目的地的运费，看上去是很合理的。但这种定价法有失去远方顾客的危险，因为远途顾客必须承担较高的运输费用。

②统一交货定价。就是企业对于卖给不同地区顾客的某种产品，都按照相同的出厂价加相同的运费（按平均运费计算），也就是说，不分远近，全国统一价。这种定价法简便易行，并可争取远方顾客，但对近处顾客不利。

③区域定价。即把产品的全国销售市场划分为两个或两个以上的区域，在每个区域内定同一价格。一般说来，距离企业较远的区域定价可高些，距离企业较近的区域定价可低些。然而企业采用区域定价也有问题：在同一价格区内，有些顾客距离企业较近，有些顾客距离企业较远，前者不合算；处在两个相邻价格区界两边的顾客，他们相距不远，但是要按高低不同的价格买同一产品。

④基点定价。企业指定某些城市作为基点（指产品运输的出发地），向所有客户收取从该城市到客户所在地的运费。有些公司为了提高灵活性，选定许多个基点城市，按照顾客最近的基点来计算运费。

⑤免收运费定价。有些急于同某顾客或某地区做成生意的企业，由自己负担部分或全部实际运费，以促成交易。这些卖主认为，如果生意扩大，其平均成本就会降低，因此只要销售额扩大，就足以抵补这些费用开支，以达到市场渗透，在竞争中站住脚的目的。

（2）地理定价的难题之二是，和外国用户做生意时，公司是采用对销贸易（Counter Trade）还是直接现金交易。

世界贸易大多采用直接现金交易的方式。买方同意在规定的某一时期内付给卖方现金。但是今天，许多国家缺乏足够的硬通货以现金来支付它们在其他国家购买的货物。它们希望用其他商品品目来支付，这就导致了所谓的对销贸易的发展。尽管大多数公司不喜欢对销贸易，但如果想要做成生意，就没有其他选择。

对销贸易有下列几种方式：

①物物交换。物物交换指商品与商品的直接交换,没有货币,没有第三方参与。例如,德国同意在印度尼西亚建造一座钢厂,以换取印度尼西亚的石油。

②补偿贸易。在这一形式中,付给卖方的货款一部分采用现金,其余部分则以产品偿还。例如,英国一家飞机制造商向巴西出售飞机,收取70%现金,其余的则是咖啡。

③产品回购。卖方向另一个国家出售工厂、设备或技术,并同意接受一部分用该设备生产的产品,作为付款的一部分。例如,美国某化学公司为印度某公司建造了一座工厂,美方同意一部分货款以现金支付,余数则以该工厂所制造的化学产品偿还。

④反向购买。卖方收到全部是现金的货款,但必须同意在一个规定时间内用相等数量的货币来购买该国商品。例如,百事可乐公司向俄罗斯出售其浓缩汁,并同意接受卢布而将它花在购买俄罗斯产品上,如伏特加等。

在比较复杂的对销贸易中,参与者将不止两方。例如,奔驰售给罗马尼亚30辆卡车,同意接受150辆罗马尼亚制造的吉普车作为交换,这些吉普车将在厄瓜多尔出售,以换取香蕉,这些香蕉又被运回德国,卖给连锁超级市场,换取德国马克。通过这样一个交易循环,最后换得了德国通货。

(二)折扣和折让定价

产品的基本价格制定以后,为了鼓励顾客早付清货款、大量购买、淡季购买,还可以酌情降低其基本价格,这种价格调整叫做价格折扣。通常的做法是,先定出一个基本价格,然后再用各种折扣和折让来刺激中间商和用户,以促进销售。

1. 价格折扣的主要类型

(1)现金折扣。是指给予迅速付款买主的一种价格减让。如北京不少房地产商有给一次性付款的顾客优惠几个百分点的促销计划,这就是现金折扣。

(2)数量折扣。是指卖主为刺激大批量购货而给予买主的一种价格减让。例如,顾客购买某种商品100单位以下,每单位10元;购买100单位以上,每单位9元。这就是数量折扣。其特点是:顾客的购买量愈大,折扣愈大,但折扣数额不可超过因批量销售所节省的费用额。这些节约包括销售费用、储存费用和运输费用的减少。

数量折扣分为非累计折扣与累计折扣两种形式。非累计折扣一般用于一次购货，按照买主一次购买总量而给予不同的折扣。累计折扣一般用于长期性交易活动，即规定在一定时期内顾客购买商品达到一定数时就给一定折扣。

(3) 功能折扣。也称贸易折扣，是制造商给某些渠道成员的折扣，目的是促使他们愿意并积极执行某些市场营销功能，如销售、储存、提供相关信息和记账等。生产商向不同交易渠道提供的功能折扣是不一样的，这是因为他们提供的服务项目不尽相同。例如，制造商报价"100元，折扣40%及10%"，表示给零售商折扣40%，即卖给零售商的价格是60元；给批发商则再扣10%，即54元。然而，制造厂商必须向同一种贸易渠道成员提供同样的功能折扣。

(4) 季节折扣。也称季节差价，是卖主向那些购买非当令产品或服务的买者提供的一种折扣。季节折扣使卖主在一年中得以维持稳定的生产。如服装商为加速资金周转、清理积压和节省费用，而向经销商提供季节折扣，鼓励他们夏季购进皮衣、冬季购买夏装；其他像宾馆、游乐园、航空公司等在经营淡季期间也提供季节折扣。

(5) 折让。这是根据价目表给予减价的一种让利形式，它没有规定一定的减价比例，也没有规定明确的减价金额，而要根据具体情况来确定。例如，旧货折价折让就是当顾客买了一件新品目的商品时，允许交还同类商品的旧货，在新货价格上给予折让。

旧货折价折让在汽车行业和一些其他耐用消费品，如冰箱、洗衣机、彩电、电话机等的交易中最为普遍。

(6) 贴息贷款。它也可以看作是变相地向顾客提供折让，折让的金额就是企业替顾客支付的贷款利息。采用这种方式，不必降低价目表上的价格而又能扩大销售量。1999年5月，中国工商银行上海市分行和上海第六百货商店等单位联合推出"你贷款，我贴息"的促销活动，贷款购买耐用消费品的顾客到期只需支付贷款本金，贷款利息由商家支付。推出一周内，成交200多笔生意，金额逾200万元，还有230多名顾客预约登记。

2. 运用折扣策略时应注意的问题

折扣是柄双刃剑，既会发展企业，也会伤害企业。许多企业在给予经销商和顾客折扣、折让和特殊条件（如合作广告、运输费用）时，并没有意识到让利太多，影响了利润，结果损失惨重。下面谈一下运用折扣策略时应考虑的几个问题：

（1）竞争对手以及联合竞争的实力。市场中同行业竞争对手的实力强弱会威胁到折扣的成效，一旦竞相折价，要么两败俱伤，要么被迫退出竞争市场。

（2）折扣的成本均衡性。销售中的折价并不是简单地遵循单位价格随订购数量的上升而下降这一规律。对生产厂家来说有两种情况是例外的：一种是订单量大，很难看出连续订购的必然性，企业扩大再生产后，一旦下季度或来年订单陡减，投资难以收回；另一种是订单达不到企业的开机指标，开工运转与分批送货的总成本有可能无法用增加的订单补偿。

（3）市场总体价格水平下降。由于折扣战略有较稳定的长期性，当消费者利用折扣超需购买后，再转手将超需的那部分商品转卖给第三者，这样就会扰乱市场，导致市场总体价格水平下降，给采用折价战略的企业带来损失。

（三）促销定价

在某种情况下，公司将临时把它们的产品价格定得低于价目表，有时甚至低于成本，以刺激消费者更早地购买。促销定价有以下几种形式：

（1）招徕定价。超级市场和百货商店将某几种商品的价格定得特别低，以招揽顾客，吸引他们来到本店，并期望他们购买正常标价的其他商品。采取招徕定价方式时，要注意两个方面：一是特廉价格商品的确定，这种商品既要对顾客有一定的吸引力，又不能价值过高以致大量低价销售给企业造成较大的损失；二是数量要充足，保证供应，否则没有购买到特价商品的顾客会有一种被愚弄的感觉，会严重损害企业形象。

但是，制造商一般不愿以自己的品牌作为牺牲品。因为这样不仅会引起其他以正常价格销售的零售商的抱怨，还会损害品牌形象。

（2）特别事件定价。在某种节日里，卖主也利用特别事件定价来吸引更多的顾客购买。例如不少商店在元旦、春节、中秋节、教师节使用促销定价以吸引顾客。

(3)有奖销售。制造厂商有时会向那些在特定时间内购买产品的顾客提供价格优惠,刺激他们购买产品。有奖销售可使制造商在不必降低目录价格的情况下达到清仓的目的,它刺激了销售量增长,但公司为此所费并不像降价那么大,原因在于获奖顾客概率总是低的。

(4)低息贷款。这也是一种不必降价而能扩大销售量的方法。汽车制造商宣布降低贷款成本来吸引顾客。由于有些汽车用户是自己攒钱来买汽车,所以低息贷款对他们很有吸引力。但是,尽管低息贷款可以吸引顾客到汽车展示厅,但如果出现下列情况,很多人还是不会买。如分期付款额很高;贷款的归还期比通常的要短;享受此贷款者无价格折扣;贷款只适用于昂贵汽车。

(5)较长时期的付款条款。销售者延长贷款时间,无疑等于减少了顾客每月的付款金额。一般来说,顾客对贷款成本(如利率)考虑较少,更担心每月的支付能否承受得起。

(6)保证书与服务合同。公司可以通过增加免费担保或服务合同来促销产品。如果顾客愿意购买的话,企业将不对保证书或服务合同收费,而是免费提供或减价提供。这是降低价格的一种途径。

(7)心理定价。这是指故意给产品定个高价,然后大幅度降价出售它,如"原来标价是399元,现在是299元"。采用这种方式,不得违反有关法规,如虚增原价、所标原价无根据、所标原价非本次降价前的售价等。

进行促销定价时必须注意一些问题:①公司必须对这些促销定价工具进行研究,确保它们在特定国家内是合法的。②考虑促销风险。如果这些促销工具能够发挥作用,则问题在于竞争对手会迅速地加以模仿;如果这些促销工具不能发挥作用,则会浪费公司的资金,而这些资金本可以用于有长期影响的营销活动上,如提高产品的质量和服务,多做广告改善产品形象等。

(四)差别定价

企业往往根据顾客、产品、时间和场所等差异来调整其产品基本价格,实行差别定价。所谓差别定价就是对同一产品或服务定出两种或多种不同的价格,而这种差价又不反映产品成本的变化。

1. 差别定价的主要形式

（1）顾客细分定价。即企业将同一种产品或劳务以不同的价格出售给不同的顾客。如电力部门对工商企业和居民用电，分别制定了不同的价格。

（2）产品形式差别定价。在这种情况下，产品的式样不同，制定的价格也不同，这个价格与它们各自的成本是不成比例的。例如，精装本图书和简装本图书相比，成本增加并不多，但价格相差甚大。

（3）形象定价。有些公司根据不同的形象，给同一种产品定出两个不同的价格。例如，一家香水制造商可将香水装入一种瓶子，为其命名，树立形象，每盎司定价10美元；用一种花式瓶子装上这种香水，给以不同命名和形象，每盎司定价30美元。

（4）地点差别定价。即企业对于处在不同位置的产品或服务分别制定不同的价格，即使这些产品或服务的成本费用没有任何差异。如足球场或剧院，便是不同位置定不同价位，贵宾座位价格明显高于普通座位。

（5）时间差别定价。即企业为不同季节、不同日期甚至同一天内的不同时间的产品或劳务制定不同的价格。如长途电话在不同的时间收费不同，旅游业在淡季和旺季的收费也有所不同。

2. 差别定价的适用条件

企业采取差别定价战略必须具备以下条件：①市场必须是能够细分的，并且各个细分市场要具有不同的需求强度；②以低价购买产品的顾客不可能将产品用高价转卖出去；③竞争者不可能在企业以较高价格销售产品的市场上以低价倾销产品；④细分市场和控制市场的费用不得超过因实行差别定价所获取的额外收入；⑤实行的差别定价不会引起顾客的反感；⑥差别定价的形式不违法。我国的《价格法》规定，"提供相同商品或服务，对具有同等交易条件的其他经营者实行价格歧视"属于不正当的价格行为。

（五）产品组合定价

当产品只是某一产品组合的一部分时，企业的定价就必须综合考虑。这时候，企业要寻找一组在整个产品组合方面能获得最大利润的共同价格。由于各种产品之间存在需求和成本的相互联系，并且会带来不同程度的竞争，所以定价十分困难。下面是五种产品组合的定价策略。

(1) 产品线定价。公司通常愿意发展产品线而不愿搞单件产品。所谓产品线定价就是针对整个产品线制定价格，而不是对单个产品定价。在定价时，首先，确定产品线中某种产品的最低价格，使它在产品线中充当领袖资格，吸引消费者购买产品线中的其他产品；其次，确定产品线中某种产品的最高价格，使它在产品线中充当品牌质量和收回投资的角色；最后，产品线中的其他产品也分别依据其在产品线中的角色的不同而制定不同的价格，避免发生相互冲突现象。

(2) 选购产品定价。现在，许多企业在提供主要产品的同时，还附带提供任选品或附件与之搭配。例如，顾客在购买汽车时，常会购买电动雨刷、车用立体声收录机和空调器等。为这些非必需的附带产品，即选择品定价是个棘手的问题。汽车公司需考虑把哪些选择品计入汽车价格之内，哪些另行计价。如果把所有的选择品都计算进产品的价格当中，显然会因为价格太高令消费者望而却步；如果不把这些非必需的附带产品计算进产品的价格当中，则会因为经济车型减去了太多的舒适和特色装置，以致绝大多数的购买者不想购买。一般来说，汽车制造商希望对简便型汽车做广告，目的是吸引人们到汽车展示厅参观，而将展示厅的大部分空间用于展示昂贵的、特征齐全的汽车，以鼓励人们购买。

(3) 补充品定价。有些企业生产的产品（附带产品）必须和主体产品一起使用。这样的例子有剃须刀片、照相胶卷、计算机零件、主机的辅助设备和零部件等。对这类产品通常的定价方法是，将主要产品的价格定得较低，而附带产品的价格定得较高，通过低价促进主要产品的销售来带动附带产品的销售，附带产品的高额利润不仅足以弥补主要产品降价的损失，还能增加企业的盈利，甚至使企业取得惊人的业绩以弥补主要产品低价所损失的利润。

在给补充品定价时必须掌握尺度。若补充品定价太高，必将引来大量的模仿者，使得利润降低。类似的定价策略也可用于服务行业。具体方法是将价格分为固定部分和变动部分。例如，电话公司规定每月使用者要交固定的电话费，如果超过规定的通话次数，再额外收费。一般的做法是，固定部分的价格定低些，以吸引顾客，而把变动部分的价格定高，以从中赚取利润。

（4）副产品定价。在生产肉类制品、石油制品、化学药品等产品时，往往会有副产品（俗称下脚料），如何处理副产品呢？如果副产品没有什么使用价值而扔掉，或者处理成本很高，就会影响主要产品的定价。因此，营销者应尽量寻找一个需要这些副产品的市场，确定的价格只要能够抵补储存和运输副产品的费用即可。

（5）产品束的定价。为了促进销售，有时营销者不是卖单一产品，而是将有连带关系的几种产品组成一束，一并以低价销售。例如，有时影剧院不单卖一场影剧票，而是将几部影片合在一起售票，或出售季票、月票；足球运动队不仅单独出售每一场比赛的门票，还出售季度或年度预订票。使用这种策略时，必须使这一束产品的价格大大低于单独购买其中每一产品的价格总和，否则顾客不会购买。由于顾客本来无意购买全部产品，在这个价格束上节约的金额必须相当可观，才能吸引顾客购买。

有时，顾客不需要整个产品束。假定一个医用设备供应商的供应品中有免费送货和培训两个项目。某一顾客可能要求免去免费的送货和培训，以得到较低的售价。顾客要求的是"非组合"供应物。如果顾客取消某些项目，公司节约的成本必须大于向顾客出售其所需商品的价格损失，这样，销售者才会实际增加利润。例如，供应商不送货节约了100美元，而售价减少80美元，则供应商增加了20美元的利润。

第二节　价格变动

企业处在一个不断变化的环境之中。在生产经营过程中，企业和竞争者都会主动降价或提价，并可能由此引发一系列的价格竞争。

（一）企业降价

1. 企业降价的主要原因

（1）企业的生产能力过剩，因而需要扩大销售，但是企业运用加强促销、产品改进等手段都不能达到扩大销售的目的,在这种情况下,企业就需考虑降价。

(2)在强大竞争者的压力之下,企业的市场占有率下降。例如,由于日本竞争者的产品质量较高,价格较低,在国际市场上,美国的汽车、电子产品、照相机、钟表等行业,已经丧失了大片市场阵地。在这种情况下,美国一些公司不得不降价竞销。

(3)当企业的成本费用低于竞争者但在市场上并未处于支配地位时,企业也应该降价。通过降价可以提高企业的市场占有率,再利用销量的增加和生产的扩大进一步降低成本和提高市场占有率,形成良性循环。近几年长虹的几次降价便属此类。

然而这种策略通常会面临很大的风险。

①低质量陷阱。消费者会认为产品质量低于高定价的竞争对手的产品质量。

②脆弱的市场份额陷阱。低价格可争取到市场份额,但不是市场忠诚度。顾客会转向随之而来的定价更低的公司。

③浅钱袋陷阱。售价高的竞争对手可以降低价格,并更持久地参与竞争,因为其现金储备雄厚。

④当经济衰退时,公司也会削价,因为愿意购买高价产品的顾客减少了。例如,20世纪末东南亚经济危机时,消费者转向有价格竞争力的品牌、大众商品或本地产品,而非高档产品。

2. 企业如何发动价格战

降价是市场经济的常规,企业必须学会如何降价,即如何发动价格战。

(1)如何看待价格战

海尔张瑞敏说过:要打价值战,不打价格战。怎么来理解这句话?价格战和价值战是两个不同的范畴,事实上这两个不同的范畴还是有统一的地方,即给顾客最多的价值。这个价值是怎么体现的?顾客购买的总价值和总成本的比较。总价值包含着产品价值、形象价值、人员价值、服务价值。总成本有产品的成本、时间成本、心理成本、体力成本等。总价值和总成本的比较,构成了顾客购买的价值。大幅度对顾客的降价,照样能提高顾客的价值。

在2010年之前,中国的劳动力在世界上是一种最大的优势,甚至是长期的比较优势，中国的产品在质量方面可能不如别人，但价格上可以长时期地低于别人，谁能说价格战是一种低层次的竞争手段，而不是一种持久的竞争优势呢？尤其在技术比较稳定的情况下，你能说这个低价格就是一种低层次的竞争手段？对有的企业来讲，就是成本制胜。降价就是对顾客提供很大的价值。比如长虹，在1998年以前持续地降价，你能说它不给顾客提供相当大的价值吗？在人们普遍买不起产品的情况下，降价就能刺激需求，降价就能够给消费者提供更大的价值。只不过是，有的企业能打得起价格战，有的企业打不起。并不能因为某些企业打不起，就说降价是一种低层次的竞争。

有人说，名牌就是高价格的象征。我认为不妥。其实名牌就是品牌中的佼佼者。能在已有的品牌基础上价格抬高一点点，同样的一个产品能卖一个高价，同样一个价格呢它也能卖得更多。有人说，我所以不降价，因为我的产品是名牌，是身份的代表和象征。身份的象征是什么？像奔驰，像珠宝，那是身份的象征。奔驰说过，它的竞争对手不是汽车而是珠宝。随着社会的变化，价格也随着变化，现在购买的人少，才保持它的身价。像冰箱、手机、彩电，三十年前它是身份的象征，现在谁能说家里有部彩电、冰箱、手机是身份的象征呢？这叫大众消费品。

（2）企业发动价格战的条件

①企业应具备打降价战的实力。

降价战虽然在多数时候是属于短期战役，但你必须做好打持久战的准备，因为降价一旦开始，竞争态势会迫使企业卷入一场拉锯式的马拉松比赛。而要取得持久抗战的胜利，企业必须找到降低成本的办法。例如，格兰仕之所以敢屡屡发动价格战，就是因为它的成本优势特别明显。

②企业在市场上已具备较高的知名度和美誉度。

③产品具备较高的价格需求弹性。

（3）精心部署降价战役

①时机的选择。常言道：士不逢时不用，兵不遇机不动。企业必须慎重选择发动降价战的时机。

a. 新产品出来，老产品的价格就必须调整。

b. 先进者要拒敌。当某个行业或某个市场利润空间较大时，会吸引很多竞争对手的加入，现有市场上的企业老大、老二或老三等就会发动价格战，以达到"不战而屈人之兵"的目的。

c. 后来者想居上。后来者为了达到后发制人的目的，通过降价来抢占市场份额。

②师出有名。精心提炼降价的由头，不能授以竞争对手攻击的把柄。在立意上要高瞻远瞩，不是为一己之私利，不是为了单纯地抢占市场份额，而是为了整个行业的健康发展，或者说是为了有效地抵御外资品牌的入侵。TCL电池2000年7月份发动降价战时，就将降价理由归纳为"降价的目的应定位在一是将假冒伪劣清理出市场，自然淘汰一些劣质小厂，合理配置市场资源，以良性竞争来推动我国电池产业的发展；二是要与消费者共同分享高科技成果，切实地让消费者享受到高科技成果带来的利益，进一步巩固品牌忠诚度"。

③终端拼抢。如果在零售终端没有安排重兵把守，那么，降价战役就无法实现预期效果。因为消费者进到零售商店购买商品时，是抱着犹豫不决的心态，这时只有在促销员的"临门一脚"下，方能让降价落到实处。竞争对手的终端促销员说你一句坏话，就会瓦解消费者的脆弱的防线。

(4) 企业发动价格战时应该注意的问题

①顾客对企业降价的反应。降价本来是为了刺激需求，有时却适得其反，这是因为顾客对企业的某种产品降价的理解可能是：

a. 这种产品的式样老了，将被新型产品所代替；

b. 这种产品有某些缺点，销售不畅；

c. 企业财务困难，难以继续经营下去；

d. 价格还要进一步下跌；

e. 这种产品的质量下降了。

因此，有时不适当的降价反而使销量减少。

②竞争者对企业价格变动的反应。企业在考虑降价时，不仅要考虑购买者的反应，而且必须考虑竞争对手的反应。

a. 从正当竞争方面估计竞争者可能的反应

当企业只面对一个主要竞争者时，企业可以从两个方面来预测竞争者对企业调价可能做出的反应：

假设竞争者用以前使用过的既定的模式来做出反应。在这种情况下,竞争者的反应可以通过内部资料和借助统计分析来获得。取得内部情报的方法有好几种,方法之一是从竞争者那里挖来经理,以获得竞争者决策程序及反应模式等重要情报。方法之二是雇用竞争者以前的雇员,成立专门的工作小组,其任务就是模仿竞争者的立场、观点、方法思考问题。方法之三是由其他渠道如顾客、金融机构、供应商、代理商等搜集有关竞争对手的情报。

用统计分析方法连续考察竞争对手几年来对市场价格的反应,也可以得知竞争者适应价格变化的对策。

假设竞争者将企业的每次降价都看作一次新的挑战,并根据当时自身的利益来做出反应。在这种情况下,企业必须确定竞争者自身利益所在,调查竞争者当前的财务状况、生产能力和销售情况、顾客忠诚情况及其经营目标。如果竞争者以维持和提高市场占有率为目标,它会在企业降价时也追随降价;如果竞争者以当期最大利润率为目标,那么它在企业降价时也可能不降价,而采用加强顾客服务等非价格手段来进行竞争。

企业在搜集竞争者的有关信息时,也要注意搜集竞争者对企业调价的看法。当企业面对几个竞争者时,就必须对每个竞争者可能的反应做出估计。

b. 非正当竞争情况下竞争者对企业价格变动的反应

如:20世纪末,小鸭滚筒洗衣机曾做降价促销,但因为事前缺乏周密的策划和舆论造势,以致一出招,就被竞争对手的暗箭所伤——各大报纸上发表的"软性文章",以专家的口气暗示,在目前的成本水平下,滚筒洗衣机价格降至2000元以下不可能,谁以这个价格出售,就极可能是以降低产品质量和售后服务为代价的。小鸭虽然极力辟谣,但销量不但未见上升,反而出现滞销。此例说明小鸭对竞争对手的反击估计不足。

又如:20世纪90年代中期,四川某企业家拟办一火锅城,可同时容纳数千人就餐。老板奉行物美价廉政策,说只要每餐从每一位顾客手中赚一元钱,利润就非常可观。此规划一出,就在同行中引起轩然大波,这不是明摆着要砸大家的饭碗嘛!于是,竞争对手联合起来,买通了他的厨师,通过往火锅里放死老鼠的办法败坏他的声誉,于是在火锅城开张之日发生了善良的人们不愿见到的一幕。

上述两例告诉我们，企业降价时必须顾及顾客和竞争者的反应，选择适宜的降价幅度，考虑到价格操作空间的大小及行业平均利润率。降价幅度既要高于顾客对价格下降的知觉期望，能够有效地刺激消费，又不能高到使竞争对手感到有明显的威胁。如果降价幅度过高，挤占太多的市场，竞争对手就会采取报复行动。因此，即使是市场领先者也不能过于贪心，否则，其他竞争者生存不下去，会走向联合、兼并的道路，那时市场领先者将面临更强大的挑战。

3. 企业应在价格战和规避价格战之间取得均衡

正如真正的将军是虔诚的和平主义者一样，企业在产品同质化、库存压力增加的情况下虽然不得不打价格战，但在它们的内心深处却在千方百计地探求规避价格战的办法。众所周知，企业只有比竞争对手更好、更快、更新、更便宜时，才能树立竞争优势。当"更便宜"这个差别遇到问题时，人们只能通过技术（更好、更新）和服务（更快）的创新树立竞争优势。

作为企业家，必须在打价格战和避免价格战之间取得均衡。一方面，价格战是市场经济社会企业竞争的常态。任何高科技产品刚刚推向市场时，由于技术不成熟，员工经验积累不足，价格必然超过人们的预期支付程度，此时哪家企业若能通过科技创新取得成本优势，就可以抢起价格战大棒，通过降价刺激需求，带动产业兴起。另一方面，价格战是柄双刃剑，既伤别人也伤自己。再说，竞争的最高境界是无竞争状态，为走出价格战阴影，企业必须重视非价格竞争。为此就必须重视技术和服务方面的创新，重视员工队伍素质的提高，以非价格竞争回避价格战的发生。

（二）企业提价

虽然提价会引起消费者、经销商和企业推销人员的不满，但是一个成功的提价可以使企业的利润大大增加。

1. 企业提价的主要原因

（1）通货膨胀造成的成本上升。当成本上升，生产率却没有相应提高时，利润就会下降，从而导致公司要定期提高价格。

（2）产品供不应求。当一个公司不能满足它所有的顾客的需要时，它或者提价，或者限制对顾客的供应，或者两者均用。

（3）当产品的需求弹性低时，企业可通过进行差异化生产，通过提高产品的质量而提价。例如，中国的铁路系统通过大规模改造，通过给顾客创造更好的运输服务而提价多次。

（4）企业利用消费者和生产者之间的信息不对称，利用消费者"好货不便宜，便宜没好货"的心理蒙混过关。

2. 提价的方法

（1）提高产品实际价格的方法有多种，每种方法都会对顾客产生不同的影响。以下是常用的几种提高产品实际价格的方法：

①采取推迟报价的定价战略。即企业决定暂时不规定最后价格，等到产品制成时或交货时方规定最后价格。生产周期长的产业，如工业建筑和重型设备制造等行业一般采取这种定价战略。

②使用价格自动调整条款。公司要求顾客按当前价格付款，并且支付交货前由于通货膨胀引起增长的全部或部分费用。合同中的价格自动调整条款规定，在一定时期内（一般到交货时为止）可按某种价格指数，如生活成本指数来调整价格。在施工时间较长的工业工程方面，许多合同中都有价格自动调整条款。

③采取不包括某些商品和服务的定价战略。即在通货膨胀、物价上涨的条件下，企业决定产品价格不动，但原来提供的某些服务要计价，这样一来，原来提供的产品的价格实际上提高了。

④降低价格折扣。即企业决定削减正常的现金和数量折扣，并限制销售人员以低于价目表的价格来拉生意。

当公司决定提价时，还必须决策是一次性大幅度提价还是小幅度多次提价。一般来说，顾客喜欢有规律地小幅度提价而不是大幅度涨价，这样顾客会有一个比较长时间的心理调整期。

(2) 在提价的同时，公司还要解释提价的原因。下面是几种如何提价的启示：

①围绕任何一次价格上涨都必须解释一种公正的理由。如出租车涨价的理由是汽油价格提高。

②坚持"顾客是上帝"原则。顾客期望在涨价前被通知到，以使他们事先有所准备，也好提前多采购些以减少冲击。因此，企业应该在价格未涨前，先让顾客知晓，不要在事后才向顾客做出合理的解释。最好的方式则是用通俗易懂的语言解释价格如何上涨，以便让消费者理性地了解其中的原因。

③学会使用不引人注目的价格策略。在顾客意识到价格上涨之前，先采用一些不引人注目的间接的方法，如取消现金折扣、销售折扣，限量供应，削减产量，并搭配销售一些低利润产品、对以前免费提供的服务改为收费等。

④采用合同或投标条款调整价格。这种政策使你能按以前制定的形式自动地涨价。当然，在成本或需求上升时，公司也可以不提价，而使用其他方法减少损失。主要的方法有：

　　a. 压缩产品分量，价格不变。

　　b. 使用便宜的材料或配方做代用品。如在价格上升时，许多糖果公司用合成巧克力来代替天然巧克力。

　　c. 减少或者改变产品特点，降低成本。如，为了减少生产成本，本田公司将其Today车的无关紧要的特征都简化掉了。

　　d. 改变或者减少服务项目。如取消安装、免费送货或长期保修。

　　e. 使用便宜的包装材料或改用大包装促销，从而降低包装成本。

　　f. 缩小产品的尺寸、规格和型号。

　　g. 创造新的经济品牌。如西铁城、精工等手表公司为价格敏感的消费者开发了较低价格的手表，如阿尔巴、阿代可等。

3. 当公司提价时，必须注意如下两个问题

(1) 顾客对提价的反应

提价本来是为了抑制需求，有时反而刺激了需求。如20世纪80年代末的"抢购风"。这是因为购买者对企业的某种产品提价可能会这样理解：①涨价一定是畅销货，不及时购买将来可能买不到；②该产品一定有特殊价值；③可能还要再涨价，赶快买了存起来。在通货膨胀的情况下，消费者往往抢购保值商品和生活必需品，涨风越大，抢购风也越大，这是消费者在货币贬值时的一种自卫行为。

由于不同产品的需求价格弹性存在差异，因此不同产品的提价对顾客的影响是不同的。一般地说，购买者对于那些价值高、经常购买的产品的提价较敏感；而对于那些价值低、不经常购买的小商品，即使单位价格较高，购买者也不大注意。另外，顾客不但关心产品的买价，还关心产品的使用、维修费用。如果企业能使顾客相信产品的取得、使用和维修的总成本是最低的，那么企业能够用较高的价格将产品销售出去。

(2) 竞争者对企业提价的反应

企业在考虑提价时，不仅要考虑购买者的反应，而且必须考虑竞争对手的反应。当某一行业中企业数目很少，提供同质的产品，购买者颇具辨别力与知识时，竞争者的反应就愈显重要。

一般来说，在异质的产品市场上，企业和竞争者都可以通过对产品差异的垄断来控制产品价格，因此，企业提价的自由度和竞争者做出反应的自由度都很大。顾客做出购买决策时也不只是考虑价格因素，还要更多地考虑各种非价格因素，如产品的质量、款式、顾客服务等，这些因素也减少了顾客对较小的价格差异的敏感性。

在同质产品市场上，竞争者对企业调价的反应，是很重要的。当产品供不应求时，竞争者一般都会追随企业的提价，因为这对大家都有好处，产品都能在较高的价位上全部销售出去。当企业由于通货膨胀导致成本上升而提价时，只要有一个竞争者因为能在企业内部全部或部分地消化增加的成本或认为提价不会使自己得到好处，因而不提价或提价幅度较小，那么提价的企业和追随提价的企业的产品销售都将受到影响，可能不得不降价。

(三)竞争者价格变动时,企业如何应对

在现代市场经济条件下,企业经常会面临竞争者变价的挑战。如何对竞争者的变价做出及时、正确的反应,是企业定价战略的一项重要内容。

1. 不同市场环境下的企业反应

在同质产品市场上,如果竞争者降价,企业必须随之降价,否则顾客就会购买竞争者的产品,而不购买本企业的产品。

如果某一个企业提价,且提价会对整个行业有利,其他企业也会随之提价,但是如果某一个企业不随之提价,那么最先发动提价的企业和其他企业也不得不取消提价。

在异质产品市场上,企业对竞争者变价的反应有更多的选择余地。因为在这种市场上,顾客选择卖主时不仅考虑产品价格因素,而且考虑产品的质量、服务、性能、外观、可靠性等多方面的因素。因而在这种产品市场上,顾客对于较小的价格差异并不在意。

面对竞争者的变价,企业必须认真调查研究如下问题:①竞争对手为什么要变动价格?它是为了侵占市场,还是生产能力过量?是因为成本发生变动,还是领导全行业价格变动?②竞争对手打算暂时变价还是永久变价?③如果公司对竞争对手变价置之不理,将对企业的市场占有份额和利润有何影响?其他企业是否会做出反应?④对于本公司的每一种可能的反应,竞争对手和其他公司又会有什么反应?

2. 市场领先者的反应

在现代市场经济条件下,市场领先者经常遭到一些实力较弱企业的进攻。这时市场领先者可以选择以下几种方法:

(1)维持价格不变。当市场领先者认为降价会使利润大幅度减少,市场份额不会失去太多或必要时会重新夺回丢失的市场份额时,它往往选择维持原价,因为它相信自己能够挽留住收入较高的顾客,而将收入较低的顾客让给竞争对手。

(2) 维持原价但提高认知质量。市场领先者可以维持原价,同时通过改进产品、强化服务、加强沟通等办法,提高产品的价值,使顾客感到"物有所值"。

(3) 降低价格。市场领先者可将价格降到竞争对手的价格水平。这样做的原因是:①随着销量增加,企业成本下降;②市场需求弹性大,对价格很敏感,不降价就会使市场份额下降;③市场份额一旦下降,以后将难以恢复。降价在短期内肯定会减少利润,有些公司为了维持利润,往往选择降低产品质量,减少服务和营销沟通等方法,我们认为,这种做法是得不偿失的,最终会使长期市场份额受到损失。

(4) 提价并推出新品牌来围攻竞争对手的降价品牌。市场领先者可以在提高价格的同时,引进新的经济品牌,通过一高一低两种品牌来对进攻性品牌进行夹击。这将贬低竞争对手降价品牌的市场定位,提升企业原有品牌的定位,是一种有效的价格竞争手段。

(5) 推出低价进攻性产品。当面临挑战者竞争时,市场领先者最佳的反应之一是增加低价产品,或另创立一种低价品牌。如果某个正在丧失的特定细分市场对价格十分敏感,就可以采取这种方法,因为该市场不会对更高的产品质量做出反应。

受到竞争对手进攻的企业必须考虑:①产品在其生命周期中所处的阶段;②产品在企业产品投资组合中的重要程度;③竞争者的意图和资源;④市场对价格和价值的敏感性;⑤成本费用随着销量和产量的变化而变化的情况以及公司可以选择的机会等。

当企业面临竞争者降价竞销的挑战时,对公司可行方案进行广泛的分析是不现实的。竞争者降价总是准备已久、经过深思熟虑的,企业要想在几天甚至几小时内做出反应,采取应变措施,是很难恰到好处的。因此,企业应该建立有效的营销信息系统,加强竞争者的有关信息的搜集,以便对竞争者的可能的调价行动做出正确的预测,同时还应建立应付价格竞争的反应决策模式,以便缩短反应决策的时间。

课程回顾

价格变动
- 价格微调
  - 地理定价：五种
  - 折扣折让定价：六种
  - 促销定价：七种
  - 差别定价：五种
  - 产品组合定价：五种
- 价格变动
  - 企业降价
    - 降价原因
    - 如何发动价格战
    - 价格战是双刃剑
  - 企业提价
    - 提价原因
    - 提价方法
    - 提价应注意的问题
  - 企业如何面对竞争者提价
    - 不同市场环境下企业的反应
    - 市场领先者的反应

第十四讲 分销策略——渠道模式及其选择

本讲主要内容

一、分销渠道及其重要性

二、渠道成员的选择、管理及与生产商的关系处理

三、渠道系统的调整

企业的生产是集中的，消费是分散的，要解决生产的集中与消费分散之间的矛盾，就必须借助于中间商的力量，将产品放在合适的地点，让消费者在方便的地点购买。

第一节 分销渠道及其重要性

1. 何谓分销渠道

所谓分销渠道就是生产者和消费者之间架设的高速公路，由取得了产品所有权和未取得产品所有权，但有助于产品转移的商业组织或者个人所组成。分销渠道的目的是让消费者在方便的地点购买。

分销渠道有以下功能。

（1）所有权转移的功能

这台冰箱现在是商场的，你交完钱后就变成你的了。

（2）物流的功能

运输公司可以把货物从上海拉到北京。

（3）信息流的功能

经销商可以把产品的信息传递给消费者，把消费者的信息传递给企业。

（4）资金流的功能

经销商定期将消费者的购货款转移到企业。

（5）促销流的功能

商家经常举办活动，促进产品的销售。

2. 为什么企业应该重视分销渠道的建设

第一，企业的生产是集中的，消费是分散的，企业必须借助于广大的中间商，才能更有效率地将产品送到消费者的手中。假若你在济南生产，你有那么大的力量将产品运到全国吗？但是借助于中间商，将大大地节省将产品送往消费者当中的执行成员。

第二，分销渠道是企业的重要资产。广告一旦做不好了，可以马上换掉。价格一旦定不好了，可以马上调整。但是人一旦做不好了，不可能马上调整。另外，你和别人签订了几年合同，一旦你要变了，他不同意变，还要引起官司。

第三，企业和分销商是松散的关系。企业和员工是等级关系和命令关系，企业和分销渠道成员之间是说服的关系，因为没有一个统一的权威，因此企业和分销渠道成员之间就经常闹矛盾。矛盾多了，就不利于销售。

3. 分销渠道的模式

分销渠道的模式有长短、宽窄两个方面。所谓长短就是在企业和消费者之间中间环节的多少。一层渠道说明，生产商与消费者中间只有一个中间环节，即零售商。零层渠道说明，生产商与消费者之间根本没有中间环节，要么厂家直销，要么消费者直接来购买。两层渠道是指生产商与消费者之间既有零售商，又有批发商。还有多层渠道，如：一级批发、二级批发、三级批发等。渠道的宽窄是指在渠道的某一个环节上，你所雇用的或者说你所合作的分销渠道成员的多少。比如，有独家代理。好处是关系简单，弱点是没有能力把你的货铺向市场的每一个方面。

另外，由于处于垄断地位，所以没有劳动积极性。因此，一旦企业了解了市场，往往就多招聘几个合作伙伴，这就叫密集性分销。密集性分销的优点是产品可以广泛地铺向市场的每一个角落。弱点是分销渠道成员之间闹矛盾的多了。在这种情况下企业往往砍掉一些渠道成员，保留最主要的几个，这就叫选择性分销。选择性分销的目的主要是把产品推向市场，另外，还降低管理成本。

4. 影响分销渠道选择的因素

不同种类的产品，有不同的分销渠道。即使同一个企业的分销渠道也要不断地调整。是什么造成渠道的变化？与以下几个因素有关。

（1）与产品的特点有关

一般来讲，新鲜容易腐烂的产品渠道短，价值高的产品渠道短，技术复杂的产品渠道短，体积大、重量重的产品渠道短。为什么呢？体积大，重量重，价格高，技术复杂，渠道再长一点，体积更大了，重量更重了，价格更高了。因此具有以上几个特点的产品，渠道往往是短的，反之渠道就是长的。渠道越短，企业的管理成本越低，渠道越长，企业的管理成本越高。

（2）与消费者需求的变化有关

过去的生活水平低，人们的经济状况不好，在买方便面的时候往往只买一袋，并且经常在一个街头小店里买。现在生活状况好了，人们买方便面时一般买就买一箱。所以，销售方便面的场所一定要加大，现在叫超市了。过去，人们生活水平低，时间不值钱，商店往往有一个柜台，可以和服务人员聊聊天。另外，由于生活水平低，文化素质不高，自己也不了解产品的特点，往往借助于服务员的力量去完成购买。还有一点，由于人们的生活水平不高，"无恒产者无恒心"，所以会产生偷窃的动力。有个柜台，还能避免偷窃。因此，街头小店都有柜台。现在社会，人们的文化素质高了，时间成本高了，偷窃的动力也下降了。所以，商场也随着改革撤掉柜台，让消费者自主选择。

现在商家为什么重视包装？因为包装特别适合消费者自我服务的场所。因为消费者不是真正的购买专家，自我选择时往往看表面现象。因此，包装可以刺激消费者的购买欲望。

（3）与空间的便利性有关

过去人们的生活水平不高，日落而息，日出而作。现在，社会发达了，人们工作时间加长了，晚上也得购物，因此，便利店出现了。

（4）与产品组合有关

一般来说，专卖店很难发展起来。为什么呢？消费者来到商店里边，他希望他的感官能得到更多的享受。比如，双星专卖店，所有货架就摆着一种运动鞋，太单调了。为什么说海尔的专卖店能发展起来呢？因为，海尔的专卖店种类太多了，冰箱、彩电都能看到。

（5）与服务支持有关

一个产品刚刚兴起的时候，技术复杂，消费者不了解，要更多的服务，但是随着时间的长久，高科技产品越来越变成普通科技产品了，人们就不需要太多的服务了。现在中国的商业结构怎么变？超市、大卖场、折扣店大量出现。

（6）与生产者和中间商的关系有关

有的生产商获得中间商容易，有的获得不容易。雅芳为什么搞直销呢？就因为中间商不愿意给它卖东西，它不得不自己干。

（7）与控制性有关

生产商的能力有限，渠道太长了控制不过来，只好渠道短一点。

（8）与竞争有关

比如说，联合利华在印度尼西亚有一个品牌（和露雪），它的分销模式就与众不同。一般企业都是在大商场里面，或是通过批发商、零销商，然后到了街头小店。联合利华则是直接招聘农村的妇女，给她们每人一辆自行车，每车配了一个小冰箱，沿街叫卖，促进销售。

（9）与法律有关

安利直销，仙妮蕾德直销，在中国受到法律的限制，只好建立专门的商店。万一出问题，政府、消费者可以跑到专门的商店去找他们，所以仙妮蕾德和安利直销方式在中国就要发生转变。

（10）与社会环境、文化有关

比如说日本和美国都是发达国家，但是美国的渠道很短，超市很发达，日本的渠道很长，所以产品要打到日本商场是不容易的，即使价格很低，由于渠道长，到了终端很快价格就提高了。都是发达的资本主义国家，为什么渠道的长短还不一样呢？这与文化有关。美国的经济更发达，社会结构变化快，妇女工作，往往到周末，开车到一百公里以外的大卖场，采购一周用的物品。日本的妇女不工作，有时间天天采购。另外，日本的房子小，冰箱也小，采购多了装不下。

5. 怎样选择分销模式

首先确定渠道的备选方案。一个商家要把产品送到消费者手中，有这么几个渠道办法。第一个是直销。第二个是利用批发商。第三个是利用零售商。到底采用哪一种呢？需要考虑三个因素：

第一个是经济性。即选择哪个渠道执行成本最低，或者说能够最快地送达到消费者的手中。

第二个是控制性。即选择哪个渠道以能控制过来为原则。

第三个是适应性。现在社会变化很快，订的合同时间一般不要太长，订合同长了万一出了变化，很难改变。当然了，时间太短了，中间商也没有积极性了。一般来讲都要试销一段时间。

第二节　渠道成员的选择、管理及与生产商的关系处理

（一）渠道成员的选择

一般来讲，渠道成员要按照以下几个方面来选择：

（1）积极性。即，有没有工作欲望。

（2）经营能力。如，领导的思路、员工的素质、企业的资金状况等。

（3）信誉。信誉好意味着合作愉快。

(4)社会关系。

(5)产品组合情况。

企业一般从这五个方面来选择渠道成员。

(二)渠道成员的管理

分销企业和分销渠道成员经常闹矛盾,原因是双方没有一个共同的权力的权威,是说服的关系。怎样降低它们之间的矛盾呢?有几个方面要注意。

1. 正确地认识中间商

(1)中间商不是生产者的属下,而是合作伙伴,你不能用命令的办法,只能用说服的办法。

(2)中间商首先是代顾客购买的功能,然后才是代企业销售的功能,你不能只是逼着他销售你的货,关键是他能不能销售得出去。

(3)中间商出售的是产品组合,而不是单一产品,求的是产品组合最大化。除非有特别的激励,否则不会专门卖你的产品,也不会搜集特别的信息。

2. 管理经销商的手段

管理经销商的手段主要是奖和罚。具体来讲,主要有五种手段:

(1)报酬的力量。

(2)强制的力量。

(3)法律的力量。干得不好打官司,干得不好我给你停货,干得好了我给你奖励。

(4)专家的力量。你跟着我能学到东西,所以你愿意跟着我。

(5)声望的力量。我是名牌企业,我的产品卖得好,你愿意跟着我。

企业管理中间商不外乎是这五大手段,这五大手段里面更重视报酬的力量、专家的力量、声望的力量、法律的力量,更少用强制的力量。为什么呢?以力服人,不如以德服人。

（三）生产商如何处理跟中间商的关系

生产商跟中间商的关系处理有三种方式。

1. 合作关系

双方在最初是合作关系。你干什么，我干什么，干好了如何，干不好如何，这相当于结果导向。

2. 合伙关系

人都是有惰性的，一旦到最后，年底干不好怎么办？干不好打官司成本还很高，因此企业往往从合作关系发展到合伙关系。什么叫合伙？更密切的合作关系，你了解我，我了解你，企业的高、中、低阶层和中间商的高、中、低阶层，不断地交流，了解它的能力，到底能销多少东西，了解它的信誉的变化，为管理它打下基础。

我讲个例子。比如说企业和中间商规定，你保证能把货销出去，我给你25%的返利。这25%如果是合作关系，那么你卖好了，我给你25%。如果是合伙关系，它就会这么分配：你把我的产品卖出去了，给你10%，你的款回来了，给你5%，你把它放在合适的货架上，我再给你5%，你给我搜集了特别的信息，我再给你5%，通过这种办法，就能调动人，能够不断提高积极性，刺激管理的深化。

3. 分销规划

分销规划就是企业专门成立市场的一个管理部门来处理和经销商的关系，好比中华人民共和国的外交部。世界有那么多跟我们建交的国家，也有一些不跟我们建交的国家，怎么处理跟它们的关系？需要一个专门的部门来处理与它们的关系。可以把经销商分成大、中、小三类，分门别类地制定相关的政策，通过政策来调动经销商的积极性。

（四）渠道成员评估

渠道成员的评估可以从三个方面进行：一是和计划比较，完成了多少；二是和过去比较，进步了多少；三是跟合作伙伴比较，表现如何。

第三节 渠道系统的调整

万事万物都有生命周期,渠道也有生命周期。渠道的生命周期分以下几个阶段:导入期、成长期、成熟期、衰退期。比如说电脑,在中国刚刚兴起的时候,往往在专业店里销售,由专家来销售,因为电脑属于高科技产品,大家不了解。后来,人们对电脑越来越了解了,电脑的高科技功能越来越弱化了,成了普通科技的商品了,人们在哪里购买?可能在百货商店里面购买。再后来,可能在电脑超市里面购买。最后,有可能邮购,跟厂家建立关系,打个电话你给我寄过来,因为已经是大众产品了。既然产品渠道有生命周期,所以,渠道就得调整。渠道调整有以下三种办法。

1. 增加或减少渠道成员

增加或减少渠道成员,也会引起矛盾。增加了渠道成员,会影响别的渠道成员的利润,他们会反对。减少了渠道成员,他们会恐惧,为什么要减少他?他犯什么错误了?今天处分了他,明天会不会处分我?

2. 增加或减少某些渠道层次

比如说彩电,原来是批发销售,后来出现了更有力的渠道——零售商,后来在零售商的基础上又出现了更有力的渠道——家电连锁店。企业怎么办?在保留原来渠道的基础上,往往增加新的渠道,比如说原来搞批发,搞零售,现在还在家电连锁店里面销售。这也会引起矛盾。比如,国美走到哪里都会跟附近的商场发生矛盾。报纸报道过,沈阳几家商场联合起来,对付国美家电连锁店的进入。

3. 渠道系统全盘调整

康柏原来生产的电脑是给工业用户用的,可以从三层楼上摔下来做实验,因此它的供应商和零售商都是非常强有力的,后来电脑到了老百姓家里,成了家庭电脑,谁还从三层楼上摔下来做实验?再加上DELL出现了,给康柏很大的压力,康柏就要求变革。但是变革,一方面内部员工不同意,一方面呢经销商也不同意。在这种情况下,企业董事长和两个支持改革的人,以秘密的方式参加一个博览会，当场采购零部件，当场做实验，发现跟自己原来做的产品没有任何区别。于是回来开了一天的董事会，把总经理给炒了，然后企业的改革才开始进行。但是经销商不同意怎么办呢？于是新人新办法，旧人旧办法，原来的业务不变，再成立一家新公司，依靠新公司的利润的提高来逐步地改变人们的认识，逐步地替代原来的公司，这就叫渠道系统的调整。

课程回顾

渠道模式及其选择
- 分销渠道及其重要性
  - 何谓分销渠道
  - 分销渠道的重要性
  - 分销渠道的模式
  - 影响分销渠道的因素
  - 怎样选择分销模式
- 渠道成员的选择、管理及与生产商的关系处理
  - 渠道成员的选择
  - 渠道成员的管理
  - 生产商与渠道成员的关系
  - 渠道成员的评估
- 渠道系统的调整
  - 增加或减少渠道成员
  - 增加或减少渠道层次
  - 渠道系统全盘调整

第十五讲
分销策略二
——渠道冲突及其解决

本讲主要内容

一、什么是渠道冲突

二、怎样解决渠道冲突

企业的生产是集中的，消费是分散的，所以企业不可能不依赖分销渠道，但是有了分销渠道，也就带来了企业的分销管理成本大大提高。原因就在于企业和分销渠道成员是合作关系，而不是等级、命令关系，等级、命令关系能运用企业权威的力量强行要求，而说服的力量好比是市场的力量，有话好好说，说不成也没有一个权威去调整，所以，往往造成矛盾成堆。另外，渠道成员之间也会形成一个群体。群体的特点之一是互相影响。好事相互影响，坏事更相互影响，一旦一个成员通过犯错误得到了好处，其他的都学他。群体的另外一个特点是互相攀比，待遇往高的攀，工作往轻松里攀，一旦一个渠道成员通过耍小聪明得到了好处，那么相互影响的群体的心理，就会导致大家加速地向他学习，而组织又没有强大的权威来协调，这就导致企业和渠道成员的矛盾特别大，在中国主要体现在工商矛盾冲突上。这几年社会上发生了很多的事情，可以让我们来体会这种矛盾冲突。

事件一：几年前济南有七大商场联合拒售长虹彩电的事情发生，这主要是企业的成员和渠道的冲突。（国美每到一个地方，也跟当地的商场发生冲突。）作为家电销售，一方面通过商场，另一方面通过家电连锁店，家电连锁店代表着一种更大的规模，体现了规模经济的力量，是更有前途的一种销售渠道。因此，连锁家电业的兴起，往往给零售商以巨大的打击。为了利益，双方发生了很大的冲突。

事件二：格兰仕原来既有代理，也有直销，后来代理和直销发生矛盾。因为企业内部员工总是用最有利的价格得到产品，他们掌握信息又全又多，这导致经销商的产品不如直销卖得快，影响了代理商的利益，于是代理商发起抗议。而企业最终选择了代理商，这叫两害相权，取其轻。因为格兰仕的产品和海尔的产品不一样，海尔是大产品，格兰仕更多地是小产品，越是小产品渠道越长。渠道长了，就增加了冲突发生的概率。但是，格兰仕感到代理的力量远高于直销的力量，因此最后砍掉直销，选择了代理。

事件三：联想有个理论叫"瞎子背瘸子"。最初发展的时候，实力不大，一些大经销商不愿意给它代理，于是，一方面是自己直销，另一方面，广泛地寻找中小代理商。但有的中小代理商又跟直销发生矛盾，影响了代理商的利益，代理商频频抗议。联想通过选择，最后也是选择了代理，还美其名曰"瞎子背瘸子"。意思是说，你也不大，我也不大，咱们双方一起成长，共同发展。联想发展的同时，很多经销商也发展起来了，双方有密切的关系。但是，一旦联想进行渠道调整的时间，还是困难重重，因为经销商的向心力太强了，与联想共同发展了许多年，投入很大，很难退出。

上面这几个事件，都说明了渠道冲突的存在。

第一节 什么是渠道冲突

（一）渠道冲突的类型

1. 水平冲突

水平冲突是指在某一渠道的同一层次上各企业之间的冲突。北大企业家特训班第二期有个学员，到北大以后，让我一块吃饭，吃饭的时候说带一个人来行不行？我说可以啊！后来一看是北汽福田的营销经理。他们是老乡，聊得蛮热情的，聊到一定程度，两个人吵起架来了。北大这个学生，是北汽福田的经销商，他说你原来让我干，我干得很好，现在你又找了别的人来了，一块土地一分为二，影响了我的利益。虽然你划分了区域范围，结果他一降价，把我这边的人拉过去了。北汽福田的营销经理，一看他发脾气，自己也火了，让你干，你又干不了那么大，我只好让别人来干，别人干了，降价了，你不会也降价？看来还是你无能。两个人愈吵愈烈，最后说听听我的看法。我这么一听，这顿饭还不好吃呢！原来是来解决矛盾的。我说企业一般刚刚开始都是独家代理，独家代理的弱点是它不可能把市场都铺开。企业一旦在这个区域熟悉了市场，往往再安排几个其他的成员进来，这样就发生了竞争。竞争对企业是有好处的，在竞争中大家都努力地劳动，结果是把市场给建起来了。当然也有它的弱点，很容易引发不正当竞争。所以说，水平冲突是正常的。

2. 纵向冲突

纵向冲突是指在渠道不同层次企业之间的冲突。因为长虹是名牌，所以卖得多，但利润很薄。代理商家赚不到钱，但是长虹是名牌，商场里面不摆长虹的货，人家又觉得你没面子，在这种情况下，很多厂家就摆着长虹的货，但价格定得很低。假如定价是2100元，它们1900元就能销售。一下子亏了200元怎么办呢？靠这个冲量来带动别的产品的销售。这对长虹来讲是个不好的事情，因为你（代理商）把我的价格体系给推翻了。什么叫价格冲底？企业定价2100元，你卖1900元，它可能卖1800元，最后就把企业的牌子砸了。其实，经销商和生产商之间就是一个博弈关系。你不让我赚钱，我自己想法赚钱。这样冲突就产生了。

3. 多渠道冲突

多渠道冲突是指制造商建立了两条或两条以上的渠道向同一市场销售产品时，与经销商产生的冲突。例如，服装制造商自己开专卖店，电视制造商通过大型电器专门店销售其产品总会招致经营其产品的百货商店的不满。当一条渠道的成员销售额较大而利润较少时,多渠道冲突将变得更加激烈。

(二)渠道冲突的原因

1. 认识上的不一致

企业计划达到一个什么样的目的,计划要推出某种产品,这种产品要达到什么样的目标,对于这些下面的经销商认识和它往往不一致,企业很有信心,经销商没有信心,这样造成企业给经销商的压力增加,导致矛盾冲突激化。

2. 目标的不协调

企业从自身角度来想问题,即我一年要销量多少,给下面的经销商就硬性规定具体的数量指标。但经销商不仅为你而干,它也为别人而干啊,谁卖得好它卖谁的,这就是目标的不协调。

3. 目标和区域划分得不明确

比如说北汽福田的经销商,和同一渠道成员的矛盾冲突由什么引起来的?目标权力划分得不明确。

(三)如何看待渠道冲突

人们一听渠道冲突往往就感到脑袋大了。其实,有些合理的矛盾冲突能将企业的销售推向前进,合理的矛盾冲突才能将人的潜力激发出来。

从作用上看,渠道冲突可分为良性冲突和恶性冲突。良性冲突能共同推进企业的前进。恶性冲突会破坏渠道建设。良性冲突很容易发展成恶性冲突。最初是人人都发挥自己的劳动积极性,发挥到一定程度,往往就是不正当竞争,互相贬低,互相指责对方,这就叫恶性冲突。

从性质上看,渠道冲突有结构性冲突和功能性冲突。所谓结构性冲突是因为环境的改变而产生的,属于质变或部分质变,没法调和,只能在坚持改革的前提下,尽量减少受影响的经销商的损失而已。功能性冲突不是因为外在环境的变化而产生的,而是在与外在环境基本适应的条件下,由于制造商政策的原因产生的冲突,属于量变。许多冲突系功能失调引起的,问题不在于消除冲突,而在于如何管理冲突。

第二节　如何解决渠道冲突

(一) 渠道冲突的分类

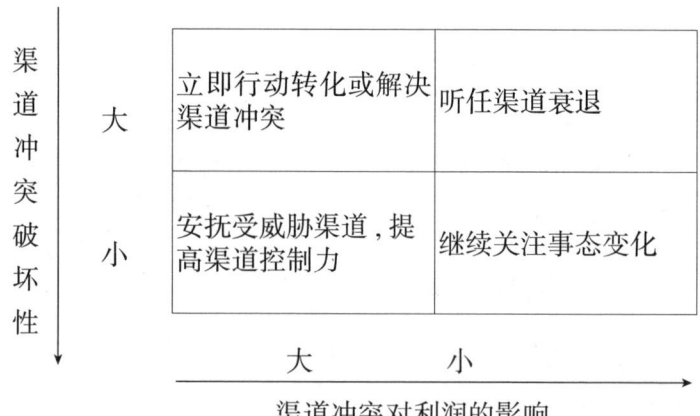

大家看这个图:根据渠道冲突破坏性的大小和渠道冲突给利润带来影响性的大小,可以把渠道冲突以及解决渠道冲突的办法分成四种。

第一种,渠道冲突破坏性大,渠道冲突对利润的影响性大,企业应该立即行动,解决渠道冲突。

第二种,渠道的破坏性小,但是对渠道利润的影响大。企业应该安抚受威胁的渠道,提高对渠道的控制能力。

第三种,渠道冲突的破坏性大,但是对利润的影响小,虽然两个闹矛盾闹得不可开交,但是对利润没什么影响,企业可以听任渠道衰退。

第四种,渠道冲突的破坏性小,对利润的影响也小。企业应该继续关注事态的变化,在关注中发现哪个有潜力,支持哪个,废掉哪个。

（二）解决渠道冲突需要注意的问题

1. 不同的渠道是否服务于同一个客户

如果几个不同的渠道服务于同一个客户，那么很容易发生矛盾，企业就应该加以解决了。

2. 渠道之间是恶性竞争还是相互受益

有的渠道冲突表面看来是恶性竞争，从长远看是长远受益。比如说美国有书店，后来出现了公共图书馆，结果书店老板就抗议。因为有了公共图书馆，大家都到公共图书馆看书去了。出版社最初也是不知道怎么办，但是过了一段时间以后发现这两者是相互受益的。到图书馆看了书才知道这个书好，然后才能到书店去买书。现在，中国的书店，也在发生着变化。书店备有桌子、凳子，可以坐着看。里面还放着轻柔的音乐，让你感觉比较平静。有的地方还规定你可以复印，但必须在我这里复印（复印费很高）。他是因为知道这个书好，所以才抄，才复印，但抄来抄去抄不下去了（复印不下去了），就把书买了。

（三）解决冲突的办法

解决冲突的根本办法是确立共同的目标，加强交流。也就是说从接触经销商开始，就得力求目标的一致。现在目标一致了，不见得将来目标也一致，由于认识上的问题，可能目标不一致，那就得加强交流。企业的中高层和经销商的中高层要不断地交流，在交流中彼此了解，达成一个默契。解决矛盾冲突的具体办法有以下几个。

（1）从市场的方法来讲，第一种是谈判。通过谈判协商来解决矛盾。

（2）第二种是调停。由第三者来调停。

（3）第三种是仲裁。可以找一些中介机构来加以解决。

（4）第四种是确立共同的机构。随着企业竞争的激烈，经销商和生产商很有可能建立起命运共同体。垂直营销系统的建立有如下几种。

①公司式垂直营销系统。企业和经销商经常发生矛盾，这个时候能不能在合适的情况下，联合成立股份制公司，不求你为我而干，为你自己也能干。既然成立

股份制公司就得有一个共同的权威来协调矛盾。比如说美国的洛克菲勒，它就是通过托拉斯来解决矛盾冲突。所以，洛克菲勒的公司既有钻探，还有冶炼、交通、银行。

②契约式垂直营销系统。假若企业在这个城市有八个零售商，这八个零售商在这家企业的领导下团结起来，成立一个共同的机构（委员会），有委员长，定期组织大家开会。一方面相互沟通，一方面这个委员长就要协调矛盾。

③管理式垂直营销系统。尽管我没有托拉斯公司的形式，也没有委员会的形式，但是我这个企业影响最大，或者经销商影响很大，或者生产商影响很大，那么它就可以利用它的影响力，把大家组织起来，它来解决矛盾的冲突。比如说北京有一个企业，它是美国中央采购驻华首席的代表，后来改制了，叫美采有限公司。它联合了一百多家企业，你专门生产螺丝帽，你专门生产轮胎，你专门生产方向盘等。它靠什么来让大家听它的呢？它有市场，有订单，这就是它的控制权。另外，它有技术，它知道市场需要什么，别的人没有能力来了解市场，只能听它的。

（5）第五种是多渠道冲突的解决。一个企业最初往往是一条渠道，后来随着消费者需求的变化，往往是几条渠道。渠道多了，渠道矛盾就激化了。比如说IBM，做工业电脑就一条渠道，后来发展了家庭电脑，原来做直销，后来开始了邮购业务，还有小经销商业务，大批发商业务。这么多业务，矛盾冲突肯定大，它的矛盾主要是两个地方。一个是全国性客户营销人员和地方性营销人员的矛盾。另一个是企业的直销人员和代理商发生矛盾。

IBM是通过两个办法来解决的。第一个办法就是划分区域范围。根据产品的不同，服务对象的不同，区域的不同，划分各自的区域范围。但这个办法也有矛盾，比如说我向医院销售电脑，只要是病床在200张以下的医院，就归某个经销商来管，超过200人，就归直销人员来管。这当中也发生矛盾，这个企业我服务了三年，过去一直是200张床以下，而今年发展到300张床，这怎么办呢？这个就成了别人的了，我不愿意交出去，而作为直销人员来讲，现在是198张床，那就拼命再增加两张，它就变成我的了，这就发生矛盾冲突。后来IBM成立一个营销数据库系统，批发商等于物流商，小经销商主要是销售，企业的直销人员和企业的邮购以及企业的网络就要打市场，这样就进行了划分。矛盾冲突得到了相应的解决。

解放战争时期,当解放军吹响了对国民党军队的总进攻号角后,为了协调破坏与建设、前线进攻与后方稳固的关系,毛泽东将人民武装力量分成三个组成部分:一是野战军,负责摧城拔寨,冲锋陷阵;二是地方军,负责区域治安的维持,保卫胜利果实;三是民兵,负责地方治安的维持,弥补地方军力量的不足。这三部分武装力量之间既有明确的分工,同时又有积极的联系。例如,当野战军消耗过大时,则由地方军及时加以补充,地方军的空缺则由民兵加以弥补,民兵的空缺则由民众加以弥补,而民众是否能够充分调动起来,则取决于党的基层建设和群众的发动工作。

课程回顾

渠道冲突及其解决
- 什么是渠道冲突
  - 渠道冲突的类型
  - 渠道冲突的原因
  - 如何看待渠道冲突
- 怎样解决渠道冲突
  - 渠道冲突的四种状况
  - 解决渠道冲突需要注意的问题
  - 解决渠道冲突的办法

第十六讲 促销策略一
——促销和营销传播过程

本讲主要内容

一、促销和促销组合

二、营销信息沟通过程分析

三、营销沟通过程的具体步骤

第一节 促销和促销组合

1. 什么是促销

用现实生活中的话讲,促销就是促进销售的意思。再简而言之就是广告宣传。广告宣传的本质是什么?教育顾客,教育经销商,告诉他们企业对产品价值的理解,增大他们对企业的认识,促进产品的销售。用学术的语言来讲,促销就是生产者通过各种方式,将有关产品的信息传递给消费者,促使消费者了解、信赖并购买本企业的产品,以达到扩大销售的目的。促销的实质是营销者与购买者和潜在购买者之间的信息沟通。

2. 什么是促销组合

促销组合(也称市场营销沟通组合)由四种主要工具组成。

(1) 广告。由特定出资者付费所进行的构思、商品与服务的非人员的展示和促进活动。

(2) 销售促进。鼓励对产品与服务进行尝试或促进销售的短期激励。

(3) 公关与宣传。为提高或保护公司的形象或产品而设计的各种方案。

(4) 人员推销。为了达成交易而与一个或多个潜在的买主进行面对面的交流。

由于技术的突破，传播方法可以是传统的媒体（报纸、电视、收音机、电话等），也可以通过较新的媒体形式（计算机、传真机、手机、留言电话等）来进行。新技术的发展为更多的公司从大众化传播走向目标传播和一对一的交流创造了条件。

然而，沟通并不仅仅局限于这些特定的促销手段。产品的式样、价格、包装的形状和颜色、销售人员的举止与着装、业务场所、公司的办公用品，所有这些都向购买者传递着企业信息。整个市场营销组合，而不只是促销组合，都必须为建立和推出公司预期的战略定位而有机地结合起来。

消费者要购买一个产品，总是要进行这么几个阶段：第一要知晓，第二要了解，第三要形成兴趣，第四要产生偏好，形成信赖，第五是试用。在试用的基础上，才能形成大批量的购买。促销组合的作用就在于将消费者的上述几个阶段的时间大大缩短。

3. 促销的重要性

改革开放初期，我们经常讲，广东的企业觉醒了，为什么呢？打广告多，后来又说山东的企业觉醒了，其具体表现就是打广告多，具有广告意识，实际上广告意识本身就反映了促销意识，它明白怎样让人理解才能购买它的产品。山东的秦池做标王，但是后来发展得并不是像原来想象的那么理想，但至少说明了民众的觉醒。后来东北盖中盖做广告，做得也很大，尽管做得不是那么成功，但是起码说明东北的企业在觉醒。

为什么企业要重视广告的宣传？因为随着竞争的激烈，科学技术传播的加快，现代的产品越来越同质化了，并且出现了供大于求的局面，消费者选择的空间大大增大，在这种情况下，你的产品怎样才能卖出去，这就成为企业挖空心思思考的问题。不仅商业组织很重视促销，就是政治组织和其他的组织也很重视促销。毛泽东一辈子很重视自己的两个身份，一个是新闻记者，一个是教师。新闻记者是用笔做武器来教育民众，教师用嘴来作为武器教育民众，将人们的思想纳入到组织所希望的轨道上去，纳入到阳光大道上去。毛泽东长征到了陕北后，曾经写过一篇文章，说共产党有两支军队，一支是鲁（迅）总司令领导的，用笔做武器，在上海的亭子间里和国民党反动派，和外国帝国主义做殊死的斗争。另外还有一支军队，是朱（德）总司令领导的，在陕北，用枪来做武器，跟帝国主义及其反动派做英勇无畏的斗争。原来这两支军队是分开的，一个在陕北，一个在上海，现在这两支军队通过抗日联合在一起了，大家要协同作战，为了一个共同的目标，要发挥最大的协同的力量。看鲁（迅）总司令领导的军队，是不是相当于广告宣传？朱（德）总司令领导的军队，是不是相当于企业的营销人员？一个是飞机大炮，一个是步兵，步兵和飞机大炮要联合起来，要协同作战。

现在，社会有一种说法，做宣传没有钱不行，也未必。有钱，有有钱的办法，无钱，有体力也有脑力，脑力、体力也是金钱的替代品。所以未必没有钱就不能做事。招商银行总裁马蔚华在北大做讲座时讲过，招商银行创业时期，手头资金是很缺乏的，没有钱怎么赢得消费者的注意？他就做免费咖啡，免费茶水，虽然在这一方面也花了一部分钱，但至少名声传出去了。大家起码知道，要喝免费茶水吗？请到招商银行来。你既然来了，就要对招商银行有个慢慢的了解。在日益了解的基础上，存款的越来越多了，贷款的也越来越多了，业务就做起来了。南方总是下雨，它又准备了便民雨伞。事先说好了，雨停了，大家要把雨伞送回来，结果95%的不送回来，但至少有一点是很明显的，一到下雨天，大街小巷都是"招商银行"的便发雨伞，名声通过这个途径给传出去了。马蔚华把促销的本质给了解了，就是教育民众。

第二节　营销信息沟通过程分析

信息沟通过程一般包括以下几个要素：首先是发送者，当他产生沟通的欲望时，要对他将要沟通的内容进行编码，编码方式应该是接收者所能理解的。经过编码的信息要通过适当的媒体发送出去，信息在发送过程中会受到噪音的干扰。接收者收到信息后要进行解码，并对所接收的信息做出反应。这种反应应向发送者反馈。发送者可以据此断定接收者是否正确地理解了他的信息。信息发送者应在接受反馈的基础上，再来修改他的信息。

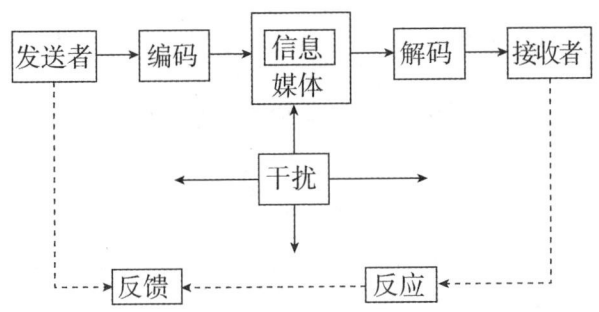

生活中还有一种情况。比如说今天下午开会，应该是一点半开始，后来临时提前到一点，你不讲三遍很多人会晚到的，讲三遍还会有很多人忘掉，因为大家有选择性曲解，人们往往用已有的知识来理解你刚刚讲过的话。这样就有可能错误地理解问题。为什么要多讲几次？就为了把刚才那种理解打破，把新的信息传递过去。为保证沟通效果，还应当排除干扰。比如说2003年"非典"期间很多人做的广告没有用了。因为"非典"时期，人们的注意力都在"非典"上。广告白打了。珠海有一家生产食品的企业，计划要发动一个中秋月饼战役，提前半年就准备。结果，中秋节前一个月，发生了冠生园月饼（指用陈年旧馅做月饼）事件。人们对月饼不感兴趣了，它这个战役还怎么发动？这叫天有不测风云，因此企业在做决策的时候，都要考虑上中下三个方案。

为什么宣传上经常发生误区？讲什么，怎么讲，哪里讲，谁来讲，都是问题。这些讲对了，还有一个正确理解的问题。企业是自己生产，别人来消费，你要得到别人的理解，必须了解别人想什么，顾虑什么，喜欢什么，爱看什么杂志、报纸，爱什么时间看，最容易发生什么混淆，然后再考虑你怎样来说话。什么时间讲？由谁来讲？这都是应该清楚的问题。这说明生产者要经常深入到消费者当中去，进行市场调查，做到心中有数。

第三节　营销信息沟通过程的具体步骤

（一）要明确目标受众

目标受众，也就是说你的目标顾客是谁，这个要明确，不然就是对牛弹琴，就是无的放矢。不同的目标受众，不同的目标顾客，决定了讲什么，怎样讲，在哪里讲，由谁来讲，什么时间讲等。毛泽东和甘地都是伟大的民族英雄。但是毛泽东的武装革命，枪杆子里面出政权，到印度就行不通。印度的非暴力运动，到中国也行不通。为什么呢？中国的文化和印度的文化不一样。中国很早就有革命的传统，《尚书》就有"汤武革命"一说。而印度有宗教的传统，讲究爱人。归根到底，目标受众不同，所以领导方式也不同。

（二）确定受众的反应阶段

消费者在购买产品的时间，都是要经过这么几个阶段：知晓、了解、兴趣、偏好、信赖、购买，在不同的阶段，应该讲不同的话。

（三）要了解信息的内容、结构、形式和信息源

1. 确定信息的内容

即讲什么。无论什么广告，讲来讲去，不外乎从三个角度来讲：

一是理性的诉求。换句话讲从成本/质量两个角度来讲。当人们对产品敏感的

时候，当人们对价格敏感的时候，当人们对质量敏感的时候，你讲我的产品多好，你讲我的质量多好，我的性能价格比是多少，就能对消费者产生影响力。比如说"洋酒的质量，二锅头的价格""同样的价钱，两倍的分量"，对人们有吸引力。假如说人们对质量不敏感了，产品都差不多，这个时候再讲质量、价格没用了，应该讲情感诉求。

二是情感诉求。即，讲美好的生活方式，讲人们对美好生活的向往，对丑恶社会现象的厌恶。据此来提高人们的消费欲望。"百年张裕，浪漫情怀"，讲的是美好的生活方式。"牙好，胃口就好，吃嘛嘛香，身体倍儿棒。"讲的是人们对精神生活美好的向往。戒烟广告怎么做的？首先讲抽烟不好，肺都黑了，然后说长期抽烟等于减少十年寿命。最后再来讲你现在怎么才能不抽烟，即戒烟糖出来了，给你一个产品，满足你的向往。

三是道德诉求。当人们对质量、价格不敏感，而且也买得起这个产品，但是这个产品是为别人买的，这个时候广告怎么做？讲道德诉求。道德讲的是人和人之间的关系，道德诉求就是利用人和人之间的相互的关系，来调动人们的购买欲望。比如说牛奶的广告怎么做的？"每天一杯牛奶，拯救一个民族"。孩子喝牛奶，大人掏钱，你就要调动孩子和大人双方的积极性。脑白金的广告怎么做的？"今年过节不收礼，要收就收脑白金"，脑白金是给中老年人吃的，但是作为儿女的年轻人来掏钱，你对双方得同时打动。

2. 信息结构

信息结构有这么几个方面：

一是不是有结论。过去人们的文化程度不高，一般强调有个结论，购买什么，什么是你最好的选择，但是人们现在生活水平发达了，人们的物质文化提高了，人们不愿意听你做结论，人们都是依据自己的判断做出来的。你说多么多么好，他还怀疑呢。因为生产者和消费者既有矛盾的统一的一面，还有对立的一面，企业应该像司马迁那种写作笔法一样，自己不说你赞成什么，反对什么，把你的偏好隐含在其中，让顾客做出结论。

二是重点在前，还是重点在后。有一段时间强调广告宣传娓娓道来，结论、重点放在后面。现在时间成本高了，人们往往喜欢把最重要的放到前面。

三是正话反说。一般人强调做广告都是正话正说，王婆卖瓜自卖自夸。但是大家听自卖自夸太多了，这个时间谁能暴露一些弱点，这些弱点更能引来消费者的信赖。当然有个前提，这个弱点能烘托你的优点。比如，北京大学历史系20世纪90年代中期有一个研究生，要到民政部去工作，他过五关斩六将，最后剩下六个人，面对六选五的比例，我们觉得他最有把握。因为男性，共产党员，未婚，中国现代史专业，工作单位也很喜欢，结果最后，就把他刷下来了。系里不理解，后来通过内部访谈搞清楚了。最后问他你有什么弱点？他找不出自己的弱点是什么，想了半天说，好睡懒觉。这一好睡懒觉引起了很多人的联想：上班迟到，出差晚到，最后就他被刷下来了，其实比他好睡懒觉的多了，但是用人单位对你不了解，只能通过有限的信息感受你。我再讲一个笑话。就是一个人他想要被提拔，他就找到班里的同学，说上面要提拔我，可能要来考察我，如果上面问我的时候，你们说什么？班里的同学说你多么好多么好。如果问我的弱点呢？同学们说，说你这人什么都好，就是脾气暴躁。这个人赶忙说，那不行，党的干部就是不能脾气暴躁，对群众要像春天般的温暖。你们应该这么讲，这个人什么都好，就是晚上爱加班加点，不珍惜身体。

3. 信息形式

信息的内容一定，结构一定，如果是做电视广告，要求画面、情节、人物的清晰表达。如果是广播广告，强调声音。如果是户外广告，强调颜色，强调字体，强调纸张的大小。

4. 信息源

即找谁来做广告。一般来讲，做广告需要四个考虑：

一是权威性。权威性就是这个人的形象和产品相符合的程度。比如说你让乔丹做一个运动服装广告,或做一个玉米糊广告都行。我为什么身体这么棒?都是喝玉米糊喝的。但你不能让他做药品广告。我为什么这么棒?都是吃这种药吃的,那就不合适了。

二是吸引力。知名度越大,更能利用人们爱屋及乌的心理来推广这个产品。

三是可信度。社会知道得越多,人们对它的信赖程度也越高。

四是找名人做广告,还要考虑一个名人形象问题。比如说赵本山在人们的心目中是民工的代表,是农民的代表,你让他做一个猪饲料广告,做一个与农民有关的,大家一看就喜欢。你要是让他做一个鄂尔多斯羊绒衫的广告,大家一看,老土出来了,这就不合适了。

(四)选择信息沟通渠道

信息沟通渠道有两种,一种是人员购买渠道,依靠人和人之间的传播。比如说会员制,就是依靠人和人之间的相互信息的传播来推广产品。再一个叫非人员沟通渠道,就是传递信息无须人员接触或信息反馈的媒介,它们包括大众性的和有选择的媒体、气氛和事件。媒体由印刷媒体(报纸、杂志、信函),广播媒体(收音机、电视),电子媒体(录音带、录像带、视盘)以及陈列媒体(广告牌、标牌、海报)组成,气氛是"包装起来的环境",能够创造或加强买者对产品购买的认识。因此,律师事务所爱用东方地毯及橡木家具来传递一种"稳重"与"经验"的感觉。事件是安排设计的活动,用以将特别信息传递给目标受众。如公共关系部门安排新闻发布会、大型开幕式、体育赞助等,从而实现对目标受众特殊的沟通效果。

(五)评估

评估有事前、事后两种。什么叫事前评估?广告宣传一旦做出来,先找一些人看一下,你对哪个更感兴趣。什么是事后评估?广告宣传多了,你要了解多少人看到了,记住了什么,买了多少东西。

山西运城有一个方便面厂,老板告诉我花了三百万广告费打了水漂,为什么呢?他的方便面是专门给农民和矿工做的,结果广告公司把它放到黄金时间播放。但是,黄金时间的农民还在地里干活呢,矿工也在外面作业,根本就没看到。

课程回顾

促销和营销传播过程
- 促销和促销组合
  - 什么是促销
  - 什么是促销组合
  - 促销的重要性
- 营销信息沟通过程分析
- 营销信息沟通过程的具体步骤
  - 明确目标受众
  - 确定受众的反应阶段
  - 了解信息的内容、结构、形式和信息源
  - 选择信息沟通渠道
  - 评估

第十七讲 促销策略二——促销组合

本讲主要内容

一、促销组合和整合营销传播

二、促销组合的策略

三、广告宣传中应该注意的问题

第一节 促销组合和整合营销传播

1. 什么是促销

促销就是企业为了将有关产品的信息传递给消费者,而有意识地加速消费者知晓、了解、兴趣,最终信赖的购买过程。促销的工具主要有四个。

(1)广告。广告是以付费的形式,让新闻媒体宣传有关产品和企业的信息。

(2)公共关系。公共关系就是利用公共新闻、宣传媒体的力量,树立对企业有利的形象报道,消除对企业不利的形象报道。

(3)人员推销。营销人员通过自己的工作,也能促进产品的销售。

(4)销售促进。销售促进就是打折、降价、有偿销售、优惠券等,也能刺激大家的积极性。

所谓促销组合，就是这四个基本的促销手段之间，在利润最大化目标之下，有比例地搭配起来。

什么叫有比例？这段时间广告第一，公共关系第二，下段时间可能是人员推销第一，再下段时间，可能是销售促进第一。比如说在产品的上市期，即在产品的导入期，广告第一，一旦产品市场开发了，进入到了成长期，推销人员的作用更大。一旦到了成熟期，大打价格战的时候，销售、促进、打折的作用更大。这就叫不同的时间不同的重点，这个搭配就叫促销组合。

2. 什么叫整合营销传播

大家一听整合营销传播，往往感到这是一门不知多么大的学问。其实说白了很简单，它好比党的宣传委员会。国家各个宣传机构都要宣传党的方针政策，它要依赖很多宣传工具。有电视、互联网、广播、电视台，还有各种书籍、新闻报刊，还有户外广告，这几种宣传手段，往往由不同的人来执行。由于现代分工造成人的视野的狭隘性，各部门都觉得自己的宣传手段是最重要的，希望更多的资源向自己这方面配置，这样一来整体的宣传效果就不能出现了，就需要宣传机构，来协调它们之间的关系。

什么时间哪种手段第一，什么时间哪种手段又第一；什么地点哪个手段第一，什么地点哪个手段又第一，做个整体的协调，这就是整合营销传播。企业往往有一个部门，来协调不同的宣传工具，不同的宣传部门之间的关系，使它们围绕一个共同的目标而前进，这个过程就是整合营销过程。

比如说广告部门，总感到广告作用大。在产品刚刚上市的时候，广告作用确实是大。但是，一旦市场打开了，广告的作用便下降，推销人员的作用更强大。不同的宣传部门往往觉得自己这部分重要，希望向自己这方面来配置资源，这就需要有部门，有人来协调。

第二节 促销组合的策略

（一）促销手段如何组合

到底什么时间用哪个手段，以做到促销组合的最大化？这与五个因素有关。

1. 与产品市场的类型有关

一般对消费品来说，这四个手段是怎么排序的呢？广告第一，销售促进第二，人员推销第三，公共关系第四。

对于工业品，排序则有变化，人员推销第一，销售促进第二，广告第三，公共关系第四。

为什么不同的产品有不同的排序呢？消费品的特点是生产集中，而消费是分散的，要在短时间内把社会大众凝聚到一起，除了广告再没有别的法宝。消费品的另外一个特点是技术简单不复杂，因此利用广告做宣传，大家也能理解。消费品的第三个特点是价值不高，大家没有强烈的动力去反复斟酌。

而工业品的特点正好相反，技术复杂，产品价值高，消费者很集中，因此最适合它的是人员推销，用营销人员的力量，可以将产品的技术复杂情况讲清楚。由于产品的价值高，大家很注意了解它。工业品客户非常集中，业务员可以在一段时间，把这个市场铺开。工业品如果用广告来做，那就是高射炮打蚊子，打的不是地方了。客户那么集中，你犯得着打广告吗？另外，工业品的客户都是专家，对产品希望有强烈的了解，电视能说得明白吗？因此对消费品而言，广告第一，销售促进第二，人员推销第三，公共关系第四，那么对工业品而言，人员推销第一，销售促进第二，广告第三，公共关系第四。

是不是做工业品，就不需要广告，就不需要宣传？不是的。而是说什么时间，何种宣传手段是第一位的问题。对于工业品而言，人员推销、销售促进是前两位的，广告、公共关系，是第三位、第四位的，是起配合作用的。广告做得好，新闻、公共关系做得好，大家对你这个产品有了解，同样的情况下更愿意买你的，同样的情况下更容易对你产生更大的信赖，同样的情况下更容易下决心购买你的产品。当然了，对于消费品而言，广告的作用更为显著。在广告一定的情况下，营销人员做得好，更有助于消费者对产品价值的理解，更有助于产品的销售。

2. 与企业的推拉战略有关

企业的推广战略有两种，一种是推动，一种是拉动。

什么叫推动呢？企业推动经销商，经销商再推动零售商，零售商再推动消费者，大家有动力推你的产品，这叫推动。

什么叫拉动呢？企业通过广告宣传的办法先启动消费者，消费者对产品有购买力了，有兴趣了，经常到零售商那里去问，有没有这个产品？你们怎么不进这个产品？逼着零售商就要来进货。通过这种途径促进产品的销售，这叫拉动。

不同的企业，在市场推广方面使用的手段是不一样的。宝洁更善于拉动的手段，特善于广告宣传的手段，因此宝洁的广告特别多，更善于通过广告来拉动最终消费者，逼零售商、批发商到企业进货。联合利华也是做化妆品的，更愿意用推动的战略。企业首先是推批发商，批发商推零售商，零售商推客户。联合利华做广告不太多。企业在产品销售的不同时期，推拉战略也会有转变。

比如惠普打印机，在中国销售的时间，最初就是拉动战略。因为打印机主要是大众消费者使用，因此，铺天盖地地进行广告宣传。一旦拉起来了，这个市场销售得特别火爆，必定会到达一个点，饱和了，再也上不去了。到这个时候，大家已经了解这个产品了，再做广告也起不了什么作用，该买的也买了，不该买的也不太想买了，这个时候就要讲推动。把销售结构做了一番改变，企业把批发商变成了物流商，把后面的零售商、中小零售商，变成了电话客户，因为电话成了非常发达的媒介传播手段。通过这种方式又推动市场启动了。战争影片经常有这样的镜头，飞机大炮一过，剩下的就是步兵冲锋了。飞机大炮相当于拉动，步兵冲锋相当于推动。

3. 顾客准备购买过程的阶段

顾客购买一个产品，总是要经过这么几个阶段：知晓、了解、兴趣、信任、订货。

当顾客对产品还不了解的时间，广告宣传是管用的。一旦顾客对产品了解了，还没到兴趣的阶段，这个时候什么管用？在广告的基础上，营销人员开始起作用了，通过营销人员和顾客的交流，消费者更多的问题可以得到解答，大家对产品有了兴趣。在对产品有兴趣的基础上，如何能让消费者购买产品呢？一方面营销人员起作用，另一方面销售促进起作用，降价，给点优惠，他就会购买。因此，顾客准备购买的不同阶段，导致四个促销手段的需求不同。很明显，广告宣传在决策的最初阶段最有效益，人员推销和销售促进在购买者决策的阶段最有效率。

4. 与产品生命周期的阶段有关

产品刚刚上市，广告宣传第一。到了成长期，广告宣传的作用继续发挥，人员推销的作用开始显示，向广泛的经销商铺货。到了产品的成熟期，销售促进、打折降价、有偿销售开始起作用了。在衰退期，销售促进的成本效应继续加强，广告和宣传的成本效应减弱，人员推销的成本效应最低，只需给产品最低的关注就可以了。

5. 与公司的市场地位有关

排名靠前的品牌做广告比销售促进可以获得更多的利益。据研究，排名前三位的名牌投资回报率随着广告与销售促进费用之比的增加而增加。而排名第四甚至更靠后的品牌的利润率即使在广告增加的情况下也远未能达到前三名品牌那样的效果。什么时间用哪个手段？这不取决于我们的主观想象，而是取决于产品的不同特点，市场的不同特点，导致双方的一种协调。

（二）四种促销手段的优点和弱点

（1）广告这个手段的优点是能在短时间内启动大众，能靠着画面，靠着人物情节，提高人们的兴趣。它的弱点是单项交流，只是将有关产品的信息传递给你，而你的信息反馈它不了解。

（2）人员推销。人员推销的优点是迅速反应，建立感情，促进购买。因为人日久生情，只要是人就会产生感情，在产生感情的基础上，便有可能达到爱屋及乌的境界。因此一个优秀的业务员一旦走掉，往往他会带走客户。人员推销的弱点是成本太高。一是工资成本高，那么多营销人员吃喝拉撒，你都得管着。二是管理成本高。营销人员什么工作特点？天高皇帝远，没有相当的激励不会工作，没有相当的约束，会利用制度的漏洞犯错误。因此人员推销是人类原始社会以来，最昂贵的一种促销手段，也是非常有效的一种促销手段。

（3）销售促进的优点是刺激销售，促进购买。弱点是短期效应，你不能总是降价，你不能总是打折，短期效应。有的人这么说过，销售促进是打破消费忠诚，而广告和宣传是建立人们对产品的忠诚。

（4）公共关系的优点是利用新闻媒体的力量，树立企业的形象。至少在别人看来，第三者说你好，相对客观，尽管背后也是企业在运作，但是它给人的感觉是客观的，它更容易得到别人的信赖。它的弱点是长期效应，短期内起不了多大作用。

第三节　广告宣传中应该注意的问题

1. 目标顾客及其需求不明晰

（1）由于对目标顾客及其需求不很明确，因此做的广告就难以打动人心。

比如，中国联通的广告。中国联通曾用姚明做广告来宣传，的确姚明是一个权威人物，也有很大的社会知名度，美誉度也很高。但是人们发现中国联通的这个广告并没有达到预期的那种效果。原因是什么呢？姚明是一个年轻的体育明星，他对追星族更有影响力，假如你要是做22岁以下的人的生意，那么姚明最合适，最令人心动。你要做25岁以下这拨人的生意，姚明也会起作用，也有不少的大学刚毕业的学生对他感兴趣。假如说你的目标客户是35岁以上的人，那么姚明就不太合适，因为35岁以上的人，有他关心的事务，没有那么多时间看电视，因此，对姚明注意力不大。你要一个对姚明注意力不大的群体去关注姚明，那是不现实的。

再看，中国移动、摩托罗拉原来用王石做广告，定位在成功者身上。王石就是成功者的象征，万科的总经理，这个形象大家记得很明确。

（2）不明白目标顾客的需求，也很难把广告做好。

比如说美国的万宝路广告，在美国做得很好，结果在中国香港就做不起来。它在美国的广告形象是牛仔，男子汉的形象，美国人更强调个人主义。因此美国的广告都是用普通个人来做的。但是万宝路到了香港地区，广告做不起来，因为大家追求富贵，一看牛仔抽的香烟，能带来富贵吗？后来万宝路改变了香烟形象，画面上出现一个牧场主，挂着大哥大，身边还有牧童前呼后拥，架着飞机在巡视着牧场。大家一看，老板抽的香烟。东方人是崇尚权威的，于是依靠老板抽这个香烟，把销量带动起来了。

在中国大陆、香港和台湾做广告会有所不同。大陆广告更侧重于什么？理性诉求。因为大陆经济状况还不是很发达，人们对价格、对质量还很在意。香港地区经济发达，对价格、对质量不太在意，更多地是追求满足精神的、轻松的美国式的生活方式。台湾地区介于二者之间。我们相信随着大陆生活的发达，在广告的做法方面，也慢慢跟它们在接轨。

2. 广告的评估和测试

（1）一般按三个标准来评估广告

一是愿望性。即是不是符合人们的需求，是不是符合人们现在最想要的这个点。

二是独占性。即和竞争对手相比，这个产品是否拥有独特的优势。

三是可信性。即能不能赢得消费者的信赖。

（2）广告的测试通常有以下几个办法

一是直接评分法。请一些消费者来看这些广告，大家看了以后给打分，打分高的是大家感兴趣的。

二是综合测试法。让消费者来看一组广告，然后让大家回忆，大家回忆得多的，记忆得特别牢固的，往往是大家感兴趣的。

三是实验室测试法。做广告的时间，让测试者使用一些仪器，通过仪器可以测出，在广告的哪个点，大家感兴趣，哪些大家不感兴趣，进而改进自己的广告。

3. 在广告信息表达中应注意的问题

比如说南方的一个洗衣机品牌，它的广告主题是献给母亲的爱。但是形象内容设计上有问题。它的设计是"农村的女儿考上了大学，为了感谢妈妈，同时也为了减轻妈妈洗衣的负担，就在城里买了一个洗衣机，敲锣打鼓，开着大卡车，送到了农村。妈妈正在河里洗衣服，看到女儿来了特兴奋。"广告打了以后，城里人不买这个牌子的洗衣机了，为什么？嫌是给农村准备的。农村人也不买，认为是虚假广告。农村没有供、排水设备，要洗衣机也没有什么用。

4. 广告词的设计

好的广告一定要有一个简单、明确、能深入人心的广告词，比如说"海尔真诚到永远""维维豆奶，欢乐开怀""车到山前必有路，有路必有丰田车"。多年以后，可能把广告忘记了，但这个广告词大家却记住了。所以，要设计一个简单、明确的广告词，这样才能便于传播。

5. 名人做广告的是与非

我是同意让名人做广告的，尤其在目前的中国，经济的落后，人们文化水平的低下，使人们更愿意把命运靠在别人身上，在这种情况下，中国人民崇尚权威的心理，在广告中就会起作用，因此我赞成用名人做广告。步步高的总裁段永平说过一句话："用名人做广告合算"。他很明白中国的国情，但是用名人做广告也有它的是非。

①名人要价太高。有限的广告费大部分都给名人了，投在广告设计上的少了。

②名人犯错误的代价高。谁也不敢保证他不犯错误，有时候不见得犯错误，大家有一种对他不好的评价，就影响着你产品的销售。比如说有一个非常有名气的男演员，他一直是英俊潇洒的，中国的中年女观众特别喜欢他。但是，他后来给商务通做广告：手机、BP机、商务通一个都不能少。因为，依靠商务通找到了工作，以一个民工的形象出现在人们面前，大家不高兴了。他这个形象，一下子把传统的帅哥形象打破了。正好这段时间，另外一个广告"盖中盖"也有问题了，人们说全

国演员都缺钙,一齐来补盖中盖。恰好盖中盖广告也有他。这两个广告加在一起,人们对他评价低了,这个时间他做的其他的广告,效果也都大打折扣。

③名人不仅给你做广告,还给别的产品做广告。产品之间就有可能发生混淆。因此在西方国家,往往请名人做广告都有严格的合同,规定这段时间不能出问题,一旦出了问题,应该怎么办?或是你这段时间可以代理别的公司产品的广告,但必须跟我打招呼,和我的产品要相得益彰,而不能发生冲突。

6. 确定媒体的地域分配

毛泽东几十年前就说了,中国是个高度不平衡发展的国家。你做一个广告只能说是遍地开花,难以把一个市场真正启动,因此企业一方面要有全国性的广告,另一方面还应当有地区性的广告,根据地区的不同特点,来开发特定的市场。

课程回顾

一、促销组合及整合营销传播

1. 促销组合:广告、公共关系、人员推销、销售促进。

2. 整合营销传播:在计划中对不同的沟通形式,如广告、公共关系、人员推销、销售促进等方式的战略地位做出估计,并通过对分散的信息加以综合,将以上结合起来,从而达到明确的、一致的及最大程度的沟通。

二、促销组合的策略

(一)影响促销组合的五个因素

1. 产品市场类型。

2. 企业的推拉战略。

3. 顾客准备购买的阶段。

4. 产品生命周期。

5. 公司的市场定位。

（二）四种促销手段的优缺点

三、广告宣传中注意的问题

1. 目标顾客及其需求明晰。
2. 广告的评估与测试。
3. 广告的信息表达。
4. 广告词的设计。
5. 名人做广告的是与非。
6. 确定媒体的地域分配。

第十八讲 促销策略三
——营销人员的激励和管理

本讲主要内容
一、营销人员的选拔与管理
二、如何防止营销人员犯错误

第一节　营销人员的选拔与管理

(一) 营销人员的选拔

好的营销人员和不好的营销人员最大的区别是什么？大家可能会说，好的营销人员可能是会说，其实也未必。有的人并不怎么会说，但照样能打动人。有的说好的营销人员文化素质高，其实也未必，有的人并没有什么文凭，但照样能把东西卖出去。还有的说男的卖得好，其实女的卖得也不差。还有的讲营销人员应该是西装革履，仪表堂堂，那也未必，有的人很邋遢，那他也照样能把东西卖得出去。综上所述，都是在分析外在形象，好的营销人员最关键的是沟通能力。

我有一个朋友，他在一家培训公司工作，他比一般人更容易赢得人们的信赖。同样的时间你只能拉住一个客户，他能拉住五个客户，同样的情况下他更能维护这个客户。假如说营销人员也用品牌来表述的话,他就是名牌营销人员,是营销人员当中的佼佼者。企业应该重视营销人员的选拔,在中国,目前应该从以下五个方面来选择营销人员。

1. 善解人意

即站在自己的立场,但是能站在别人的角度思考问题,能体谅他人。能更体谅他人的人更容易得到别人的信赖,一旦得到别人的信赖了,爱屋及乌的心理就在起作用,差不多的事情他就容易把它办下来。

2. 要有坚忍不拔的毅力

营销人员什么工作特点?天高皇帝远,远离总部,远离后方,远离亲人,远离各方面的关系,孤军作战。有的营销人员讲:面临三座大山,一是盛气凌人的客户,二是咄咄逼人的竞争者,三是官僚衙门习气特别重的企业内部各部门,营销人员就是在这三方之间协调关系的,没有坚忍不拔的毅力,没有屡败屡战的精神,你能克服那么大的孤独?能在孤独当中,不断地从胜利走向胜利?

3. 要有分析能力

现在的企业是规模化的企业,跟过去的作坊不一样,必须能分析市场。在分析市场的基础上,选择谁是你的目标顾客,谁是你的合作伙伴,谁是你的竞争者,你怎样发挥你的竞争优势,你怎样将这种竞争优势体现出来。所以,企业经营更多地需要分析。谁更具有分析能力呢?显然是受过教育的人,一方面是受过比较高的教育的人,一方面是加强教育,才能锻炼他的分析能力。

4. 有科学精神

没有调查没有发言权,一切从实际出发,从实际中来,到实际中去,就是科学精神。换句话讲,营销人员要经常跑市场,要经常跑车间。跑市场是为了了解客户,跑车间是为了了解内部员工，经常跑经销商的柜台，是为了了解经销商，了解自己。在众多的了解当中才能清楚地明白别人的优势是什么，别人的劣势是什么，怎样扬长避短，怎样避实击虚。

5. 廉洁自律

国外的营销人员，尤其是西方，很少讲廉洁自律这个词，但是中国应该讲，为什么呢？

第一，营销人员的工作特点是天高皇帝远，意味着犯错误的机会多。

第二，中国自古以来就是一个中央集权高度集中的国家，人们的他律性强，自律性弱。

营销人员天高皇帝远的特点造成无人监督的环境。而这个自律性弱，就会导致他不善于利用这个环境，很容易犯错误。营销人员远离企业，企业用自己的思想来武装他，消费者的各种正确不正确的思想也在武装他，至于说他转到哪个地方，取决于谁对他的影响更大。

一般来讲，没有前科的人更少犯错误，有前科的人会犯更多错误。一个经常带着客户从一个企业跳到另外一个企业的营销人员，显然是跳槽专业户，越跳越上瘾。他能从别人那儿带来，也能从你这儿带走，他已经习惯了跳槽。我曾经见过很多企业，一方面从外部挑选，一方面从内部员工中培养，要考虑营销队伍的稳定性。

（二）营销经理的选拔

现在社会有句话，"一头狮子带领的一群绵羊，能战胜一头绵羊带领的一群狮子"。换成我们中国人的话讲就是"兵熊熊一个，将熊熊一窝"。一个合格的营销经理会把他的队伍培养出来，形成一个严密的机制，将效率大大提高。因此企业要重视营销经理的选拔。

（1）一般来讲，要从以下几个方面来考虑选择营销经理这就是孙子兵法所讲的将领的五大条件。

第一是"智"。"智"包含两个方面：一是知识，二是智慧。知识是书从薄读到厚的过程，智慧是书从厚读到薄的过程。

第二是"信"。信就是讲这么几个方面：一是相信员工，因为相信员工，你才能教育员工。二是信赏必罚的严格制度。信赏严明能在内部形成对领导有稳定的预期的环境，进而领导说什么听什么，执行效率比较高。三是形成一个上下左右互相信任的环境。能大大地降低内部的交易成本。

第三，是"仁"。仁是爱人，爱员工、爱顾客、爱经销商，既然爱，就要让别人得到利益。别人得到了利益，会让你也得到利益，这叫吃小亏占大便宜。

第四，是"勇"。勇是强烈的献身精神，强烈的献身精神会激励员工的斗志。另外，"勇"还意味着勇敢地决断。尤其是营销经理面对着的是一种变化性很大的环境，更得勇敢地决断。我记得叶挺曾经讲过一句话：在环境变动特别激烈的时候，哪怕是做出一个错误的决定也比不做决定要好。

第五，"严"。即严格管理，提高士兵的战斗力。大家可能会说，严格管理和"仁"是怎么区别呢？"仁"是对人好，对人好要转变成士兵的战斗力，如果对人好，对孩子好，不能转变成孩子将来的养老，那么这叫溺爱，这不叫真正的爱。

（2）营销经理也有五个应该避免的方面

第一，"必死"。即胆量大，不怕死，有不怕死的精神是好的，但是太鲁莽。

第二，"必生"。即做什么事考虑自己太多，这样的人也不会打胜仗。

第三，"忿速"。脾气太暴躁，很容易上激将法的当，攻心为上。

第四，"廉洁"。"廉洁"是好事，但太在乎自己的名声，一旦被别人诽谤怎么办？能不能做到忍辱负重，顾全大局？

第五，"爱民"。"爱民"是好事，如果"爱民"不能转化成士兵战斗力的提高，那叫溺爱。

(3) 营销经理应该怎么加强个人修养

第一，力戒骄怒。因为孙子兵法讲，"攻心为上"。"攻心为上"主要有两个途径：一是让他骄傲，二是让他愤怒，一骄傲，一愤怒，让他脑子乱了，脑子乱了，做不出正确决定来了。

第二，修以静幽。即提高自己的谋略水平，提高自己的管理能力。提高自己的谋略水平是向未来看，提高自己的管理能力是提高士兵的战斗力，实现伟大的目标。

第三，强调营销经理的职业道德修养。当老板频频干预自己的工作怎么办？你要把老板当成自己的客户，来研究他的需求，来了解他的需求，满足他的需求。老板需要的是业绩，一旦业绩高了，相信你了，也就不批评你了。假若你实在受不了，可以走人啊。对待遇不满意怎么办？对待遇不满意可以提出要求，这是正当的需求。但提了可能批准，也可能不批准，因为提高了你一个人的工资，影响一大片，他要考虑整个的均衡，而不是你一个人的。不批准怎么办？或者等待，或者走人，但有一点不能做，那就是贪污或利用职权犯错误。

红塔集团的老总褚时健后来因为贪污、滥用职权被送进了监狱。尽管大家同情他，但是从一个经理的修养来讲，他做得是不够的。他是做了很多贡献，他是应该得到的更多，但是国家当时的制度没有转变过来，要提高他一个，大量的国有经理都得提，国家需要一段时间。你这么高的能力你可以到外面去做，既然不走人，就得按合同办事。

（三）营销队伍的构成

营销队伍构成强调几个均衡。

1. 年龄结构的均衡

老中青都得有。年轻人勇敢向前，不怕风险，弱点是初生牛犊不怕虎，考虑风险太少。年龄大一点的人，经历的事多了，考虑的挫折多了，往往被挫折吓坏了，保守思想太多,创新精神下降。优点是风险意识足。老中青三结合更有利于企业的发展。

2. 性别比例的均衡

有男的有女的。现在的趋势,女业务人员越来越多。北京有一家保温材料厂,60%的业务员是女的。谈判的时间,回款的时间,女的战斗力比男的更强。因为女性能以柔克刚,实在没办法,还可以撒个娇,掉几滴眼泪,这时男性怜香惜玉的心理就在起作用。如果大老爷们掉几滴眼泪,人家就越发看不上。

3. 学历结构的均衡

既要有高学历,还要有一般的学历。高学历的出谋划策能力比较强,但是对社会了解得相对少,摧城拔寨的能力是他的弱项。但是学历低的呢?尽管他出谋划策的能力弱,但是他在社会闯荡了很多年,对社会基层的情况了解,摧城拔寨的能力强。这两方面也要结合。

4. 学科结构的结合

文科、理科、文史哲、工商管理要配合,理科起码来讲,数学能力强,文史哲对社会、对人的了解更强。

(四)营销人员的收入

营销人员的收入由两部分构成,固定部分,包含基本工资和费用补贴。变动部分,包含奖金、提成。一般来讲,当这个工作主要是营销人员个人努力的时间,以变动为主。假如说市场一旦打下了,基本上靠维护,以固定为主。因为他的个人能力没有显示出来。当一个工作主要靠集体的时间,以固定部分为主;当一个工作主要靠个人的时间,以变动部分为主。大家要了解中国人的特点,我们是介于集体主义和个人主义之间,我们是家族主义,既讲安全(固定部分要安全),还要讲成就感(变动部分为成就感）。

（五）营销管理的四原则

原则一：控制过程高于控制结果。换句话讲过程导向高于结果导向。因为人有惰性，人会犯错误，如果这个事你告诉我几号几号完成，中间你不督促几遍的话，有可能不会做，如果多督促几次，很可能就把这个事情做下来了。

原则二：该说的要说到，说到的要做到，做到的要见到。强调制度管理及其考核的重要性。没有考核，怎么知道谁干得好，谁干得不好。没有考核，就会有很多人犯错误。

原则三：预防管理高于问题管理。很多企业的营销经理，每天忙得要命，就是因为没有授权。对于很有规律性的东西，不会犯很多错误的东西，可以高度授权；对于这个事情还没有形成规律性，有可能出问题，出问题影响还比较大，企业可以部分授权，保持工作人员事前请示，事后汇报。这样就能在有限的精力下，忙些大事。

原则四：标准化是营销管理的最高境界。有人会问营销具有高度的变化性，哪有标准化？车间的企业管理也是高度的变化性，但后来不是也相当规律化了吗？最初你对一个事情不了解，一旦经过探索了解了，你把它固定下来，这不就有标准了。在新的固定基础上，又探索了问题，一旦了解了又固定了下来。使这个标准又不断地加高，再探索，了解了再固定下来。

营销的标准化是什么呢？是人们对营销的规律、认识越来越明细的产物。标准化也是相对的，最初是粗略的标准化，一步一步地做到更高的标准化，一旦有了标准化，教育员工容易。一旦有了标准化，管理员工容易。一旦有了标准化，员工跳槽不容易。为什么呢？他所以成功，是后方高度支持的结果。一旦没有后方高度的支持，他到哪里去能干好工作？

第二节　如何防范营销人员犯错误

1. 营销人员犯错误的表现

营销人员犯错误主要表现在以下几个方面：

（1）贪污，挪用公款，协助经销商欠款不还，和经销商瓜分促销费

如，搞活动，没搞说搞了。吃广告商的回扣，勾结物流商，瓜分物流损害费，甚至故意上报物流的意外损害（明明没有损害也说有损害）。

（2）携款逃跑

2. 营销人员犯错误的原因

（1）财务监督不严

（2）规章制度不合理

我去过一家企业，这家企业的营销人员告诉我，他们为什么犯错误，就因为他们的企业一天给他们的伙食补贴是14块钱，吃三顿面条都不够，你不让我吃饱，我自己想办法吃饱，这是在创造员工犯错误的条件。

（3）企业不关心营销人员的生活，不关心营销人员的疾苦

营销人员那么大的压力，你不给解决，只好找人解决，找人解决就得给人家好处，于是就会犯错误。

（4）人情替代了原则

没有感情做不好工作，和经销商感情太多了，有可能违背原则犯错误。

3. 怎样防范营销人员犯错误

（1）严把选人关

用人的前提是选人，选人的前提是确定用人的标准，严把选人关。

（2）管理制度合理而规范

保证营销人员的基本生活的满足，在这个基础上，再推动他的积极性的提高。企业的事大家办，大家的事企业办。

（3）企业的文化交流

著名的洗衣机品牌小天鹅各营销分公司里都有一个党支部。为什么呢？跟社会的各种思想来争夺员工。现在很多企业的营销人员，每个月回来一次，不仅报账，而且享受企业文化的影响。

（4）轮岗制度

①轮岗能提高营销人员的积极性。在一个地方待久了，觉得什么都学会了，到一个新的地方工作积极性往往会更高，因为学习的动力强。

②避免人情替代原则。挽救营销人员，避免他们犯错误。

③关心营销人员的家属。解决家属的后顾之忧，利用家属来影响他。好的影响，不好的影响取决于什么呢？你对他的家属满足的程度。

④关心营销人员的生活。尤其是偏好，避免他的不良偏好对员工的行为产生影响。这个人爱赌博，你敢让他管钱吗？

我讲一个案例。20世纪90年代江苏江阴有一家乡镇企业，有一段时间，业务员携款逃跑的事件发生了三起，老总亲自来管这事。他的方法主要是增大营销人员犯错误的成本。营销人员犯错误代价高了，犯错误率就自然降低了。他选择业务员有以下几个标准：

第一，营销人员必须是当地人。因为它是乡镇企业，在特定的环境下，当地人起码有老婆孩子，有父母，你跑不掉。

第二，营销人员必须是结婚的。因为结婚的，有老婆孩子，你怎么能跑掉？

第三，必须是党员。因为有党纪的约束，进了党的门不容易，出来更难。

第四，将营销人员的太太调到企业里做很轻松的工作，一方面减轻他的家庭负担,另一方面,还给他一份比较高的工资。主要的目的是什么呢?老板说叫人质。你的老婆还在我这里呢,看你往哪里跑?你把他的家属照顾好了,家属就会反过来从好的方面影响营销人员。

他们半年搞一次座谈会。经常在电视台露面,戴大红花,表现好的营销人员的家属还来讲话,这个做法很奏效,比他的原来的手段高明得多。家属、老婆的影响远远超过了老板的影响。那是什么关系?感情关系。老板与员工什么关系?社会关系。有的营销人员干得不好,营销人员的家属回到家里就批自己的丈夫:"你看你怎么也不给我好好表现,×××今天上电视讲话了,她是我村里的,长得不如我,说得也不如我,我要说比她好得多,你怎么就不给我创造一个机会?告诉你,别回家休息了,赶紧给我出去工作,下个月如果不让我发个言,你就不要回家。"干得好的太太也给他讲:"人得到了富贵,就不愿失去,你成了榜样也很难下来,不要回来了,不要休息了,快快出去工作吧。"这样,干得好的也工作,干得不好的也工作,这就叫先进更先进,后进赶先进。这都是老板的政策创造出来的。还是一句话,"以力服人"远不如"以德服人"。

课程回顾

一、营销人员的选拔与管理

(一)营销人员的选拔

善解人意、坚忍不拔、善于分析、科学精神、廉洁自律。

(二)营销经理的选拔

1. 五个条件:智、信、仁、严、勇。
2. 五个避免:"必死""必生""忿速""廉洁""爱民"。

第十九讲
促销策略四
——销售人员如何高效率地工作

本讲主要内容

一、销售人员的职能

二、销售队伍的规模

三、销售人员的销售步骤

销售人员好比企业的军队，这支军队有主义，有原则，有能力，才能大大地拓展企业的竞争优势。假若这支军队没有主义，没有原则，没有能力，那么它将给企业的生产和销售带来相当大的伤害。

第一节 销售人员的职能

一般人都会认为销售人员主要是销售产品的，这个我同意，销售人员主要的任务就是销售产品，评价他的业务水平的高低，业绩的好坏，也是通过这个来反映。但是我们要探讨的是怎样才能成功地销售产品，怎样才能比较快地将产品销售出去。从这个角度讲，没有一个销售人员不想把产品销售出去，但是在怎样能把产品销售出去的问题上，还是存在误区的。我认为销售人员有三大职能：

第一大职能是情报员。也就是说你必须搜集信息，搜集有关社会宏观环境变化的信息，分析消费者、竞争者和企业的发展等方面的信息，在这些方面的基础

（三）营销队伍的构成

年龄结构均衡、性别比例均衡、学历结构均衡、学科结构均衡。

（四）营销人员的收入

固定＋变动

（五）营销四原则

过程导向、说到做到、预防为主、标准化。

二、如何防止营销人员犯错误

1. 严把选人关。

2. 制度合理而规范。

3. 强调企业文化交流。

4. 轮岗。

上，再来分析谁是你的目标顾客，怎样在特定的区域范围内发挥竞争优势。因此我认为销售人员的第一职能是情报员。销售人员将信息搜集来了，往往还会为总部的决策打下基础，为总部正确的决策打下基础。

第二职能是战斗员。即销售产品。在已经对市场分析的基础上，你才决定怎样将自己的竞争优势发挥出来，怎样利用具体的营销手段，赢得消费者最大的信赖。

第三职能是服务员。作为企业销售人员来讲，产品一定，不可能在产品上做文章，剩下的就是怎样提高社会对你产品的认识，怎样增强对你价值的理解，怎样广泛建销售网络，让消费者在方便的地点购买，怎样灵活地进行价格策略的调整。作为客户来讲，很少有可能到企业了解的，更多地是通过销售人员来观察企业，来提高对企业及其产品价值的认识，为今后长期的、不间断的销售奠定基础。

因此来讲，我认为销售人员有三大职能：情报员是为分析市场打基础，战斗员是为特定的目标顾客服务，而服务员是为今后长期重复不断的销售做准备。在这三个职能中，最重要的是情报员，决策的基础是信息，没有信息就无法工作。

第二节　销售队伍的规模

在一个特定的销售区域上，总会有一批销售人员，那么这一批销售人员的规模到底如何来限定？规模小了做不好工作，规模大了，成本太高，利润下降。到底规模多大合适？我认为主要与三个因素有关：

1. 与管理客户的工作量有关

这个工作量包含着对顾客的接待、拜访、送货、售后服务，也包含着在特定区域的宣传、推广、促销等工作的进行。企业要根据不同的工作，最后决定这个区域我需要多少工作人员。

2. 受技术进步的影响

万事万物没有不变的，销售队伍的规模受特定条件的限制而确定。当前规模是多大，一旦技术状况改变了，销售队伍的规模也应该灵活地调整。目的是最大限度地提高效率。现在科学技术发达了，传真机出现了，电话出现了，互联网出现了。如果企业不利用最新的技术，总是营销人员在前线推广，那这个工作量挺大，需要相当多的人数。企业在市场成长比较快的时间，营销费用的增加往往感受不到，但一旦市场饱和，或者相对饱和，市场销售额增加缓慢，营销费用的增长就显得比较突出。在这种情况下，企业就有必要利用科学技术的成果来开展工作。你可以把你的销售队伍分成两部分，对于比较大的客户，可以让销售人员做直接推广、拜访、现场宣传等工作。对于中小客户，也可以通过电话、互联网、传真机来开展工作。这样一来，销售队伍的规模大大缩减了，但是工作的效率却有可能提高了。

3. 销售队伍的规模受产品、市场方面周期的影响

比如说家电企业，在市场增长很快的情况下，往往不断拓展销售人员。据报纸报道，海尔有两万多销售人员，TCL呢？有一万五千销售人员，但一旦市场饱和，这些人怎么安置？这种情况下怎么办？那就要裁减销售人员。怎么裁减呢？一个办法是鼓励员工购买企业下属的分公司。另一个办法就是分流。再一个是代销其他企业的产品。像TCL代销日本松下、三洋等的产品。

第三节　用案例介绍销售人员的销售步骤

销售人员一般从下面七个方面开展工作。

1. 挖掘，或叫发掘

发掘什么呢？发掘潜在顾客，并且鉴定他们的资格。一个销售人员要到一个地区去开展工作，就要分析谁是我的目标顾客，包括谁是我当前的目标顾客，谁是我今后的目标顾客，当前的目标顾客和今后的目标顾客会有多长的时间间隔，从而为现在和未来等联系打好基础。发掘潜在顾客和目标顾客有这么几个办法：

（1）通过现有顾客的推荐。现有顾客总是有一些朋友。通过现有顾客的介绍，帮我引见。

(2)通过看工商目录。看一个地区的工商目录,从而来判断这个地区有哪些客户值得我去发掘。

(3)发展潜在客户。经常参加潜在客户的组织。比如说经常参加行业协会的活动,是不是又能认识很多客户?

(4)参加企业家联合会,参加商会。很多的客户往往都是商会的会员。通过这种方式,你又能认识很多的潜在客户。潜在客户一旦发掘了,还要鉴定他的资格。哪些人当前可能购买你的产品,哪些人一年内购买你的产品,哪些人三年内有可能购买你的产品,哪些人三年后有可能购买你的产品。一年内购买的和现在购买的客户,是企业重点做的工作。在三年内要购买的,是企业一般的工作。三年后要购买的,是企业在做其他工作的同时,捎带着做的工作,为培养以后的潜在顾客打下基础。

2. 做准备工作

在发展潜在客户的基础上,了解谁是当前的目标顾客,我就要去接近他。接近之前,要提前做有关的准备工作,为和他成功接近奠定基础。一般来讲有这几条要注意的。

(1)做有关的材料的准备工作。如,了解目标顾客目前的企业发展状况,对你的产品的需要状况,竞争的状况,另外,还有你的产品的状况。

(2)访问的准备。如,什么时间访问?客户都有淡、旺季,太忙的时间人家不愿意接待你,但是人人都有休闲的时间,在他比较休闲的时间,他往往愿意接待你,能跟你谈得比较久。还有一个,不同的客户的风格不一样,要求你访问的时间不一样。

3. 接近的方法

在接近方法上,有以下几个方面。

(1)是自己直接与他见面,还是找朋友介绍?

一般来讲找朋友介绍。人和人比较讲人情,人和人总是有感情的,中国人尤其讲感情,通过朋友介绍跟他见面,往往成功的把握性比较高。爱屋及乌在起作用。自己直接去呢?双方还需要一个比较长的互相了解的时间,尤其他了解你的时间,成功的难度比较高。但是随着社会的不断变化，时间成本的不断提高，过去适应的方法在未来也要有变化。比如说你总是找朋友介绍，固然成功的把握性大，但是也有问题啊，大家都很忙，朋友也很忙，你要通过朋友介绍，有可能拖很长的时间，从而耽误商机，大家的时间成本都很高，你直接去接近，也未必不是一个很好的办法。

（2）在促销方法上，还有一个要注意。对不同的人，要有不同的准备，对不同的人要有不同的说话方式。

比如说，山东济南有一个药品批发公司，它的药品批发一方面有省级、地市级的医院，一方面还有乡镇和县里的医院。两部分医院，医生的风格不一样。它对销售人员的看待，或者对销售人员的评价也不一样。这家医院是这么做的：在省城，在地市级医院销售药品时找大学生，西装革履，因为他们的文化素质比较高，他们比较讲究穿戴，一看穿戴相近的人，首先有一种情感上的好感，认知的相似往往比实际的相似更容易赢得人的好感。在县级医院和乡镇医院销售药品，往往找一些中专学历的学生，或者高中学历的学生，穿着一般的衣服，开些粗俗的玩笑，因为他们需要这个，他们自己不太讲究。你太讲究了，反而在心理上有隔阂。

4. 讲解和示范表演

在讲解方面，销售人员常犯的一个错误是产品导向而不是市场导向。即，反复讲产品的特点，而忽视了客户的需求。

（1）怎样通过市场导向成功地向消费者介绍我产品的特点呢？人们总结了FABE法。

F（Feature）就是向顾客讲解他最感兴趣的产品特性。

A（Advantage）是讲这个产品的特性体现出来的优点。

B（Benifit）是讲这些优点给顾客能带来什么利益。

E（Evidence）是讲证据，通过什么证明你这个产品特性能给我带来这个利益。

（2）在讲解的时间有三种讲解的办法。

①固定法。固定法就是产品特点了解得很熟，整理出一套方案来，对什么人都把它背出来。但给人的感觉是无的放矢，甚至有文不对题的感觉。

②公式法。公式法就是把客户分成几大类型,每一类型他最需要什么,准备出几套方案来。跟固定法相比,公式法就更有它的优点了,针对不同的人推出不同的方案来。

③需要满足法。我跟你聊天,在聊天的过程中,搜集你的信息,发现你需要什么,然后我灵活性地讲这个产品的特点。这就是随机应变。假如说,固定法和公式法是比较古板的话,那么需要满足法是最高境界的随机应变法。很多人都学《孙子兵法》,但是真正成功的不是很多。为什么呢?很多人都是按照经典的字句来办,那么凡是真正成功的,用《孙子兵法》的话讲,"兵法之妙,存乎人心"。只要明白了它的本质,然后根据情况的不同随机应变即可。比如,只要明白了水往低处流的规律,就可以根据条件的不同,让水从东往西流,从西往东流,从北往南流,从南往北流。在向顾客讲解的时候,要有一系列的演示工具。比如,产品的模型、样品、图片、录音和录像资料,各种证明材料,国家的获奖证书等。因此,高科技产品的演示往往都带有一个电脑,让大家能够清晰地理解。

5. 应付异议

大家听你讲了之后,总是有一些困惑,你怎样将他的困惑讲清楚?有些人一听到大家有异议,或说你的产品有什么弱点,往往很不高兴。其实,大家应该记住这句话:"褒贬是买主,喝彩是闲人"。他要是提出看法了,说明他产生兴趣了,你应该更热心地讲解你的产品。假若介绍一段时间,没有把他的困惑消除也不要紧,人认识一个事物,总是有一个过程。"精诚所至,金石为开"。

6. 达成交易

怎么很快地达成交易呢?企业有两个办法可以考虑:

(1)劝诱成交法。他感兴趣了,为了达成交易,可以给他一定的折扣,或送点礼物,或承诺售后服务,等等。通过这些让人们购买的成本降低,当然价值就提高了。

(2)选择成交法。准备几种方案供客户选择,看哪种方案更适合于你。这也是容易使顾客成交的一种办法。因为你考虑了顾客的成交的利益,根据顾客的顾虑设计这几种方案。

7. 追踪和维持

产品销售了并不是目的，你总希望产品能够重复地被购买。你总希望他满意了，能向周围人介绍，能带动更多的人购买。因此产品销售了以后，还要追踪。过一段时间，打一个电话，问问现在产品状况如何，或去看一看有些什么问题。通过这些回访尽量让顾客满意，使他重复购买，使他带动更多的人购买。

下面，我用几个案例来说明一下优秀销售人员的营销实践。香港有一个非常优秀的销售人员，名字叫张涛。这个人销售的能力比较高，同样的产品他比一般人能更快地达成交易。后来人们就问他成功的秘密是什么？事实很简单，就是勤学习，经常看各种报纸，看各种杂志资料，在看的过程中，想到自己客户的特点，想着客户的需要。凡是对客户有用的资料，经常保存下来，到了客户这边，经常给客户提几个建议。在同样产品的情况下，大家对他的评价更高，对他的产品评价更高。所以，他成功的机率就会高一些。

广东顺德也有一个优秀的营销人员，他的经验就是特别强调唯物辩证法。唯物是什么？一切从实际出发，搜集各方面的信息，而不是从想象出发。辩证是什么？能在不利中看到有利，能够在光明中看到黑暗，从而促进矛盾的转换。

河北省奎山水泥厂，有一个优秀的营销经理，他成功的经验是跟内部关系协调得好。每年春节，开团拜会的时候，他总是给其他部门的经理敬一杯酒，说"对不住了，我这一年来给你们带来了许多麻烦，请你们谅解。"第一杯酒下肚，第二杯酒又端起来了，"咱们是围绕一个共同的目的而工作的，明年可能还会跟你们吵，请你们谅解，提前打招呼。"他强调跟内部关系间的协调。所以，要做一个优秀的营销人员，我觉得就要从以下几个方面做工作：

第一，通过不断学习，提高修养，培养善解人意的胸怀。能够克制自己，以客户的偏好为偏好，从而做到与民同乐，心连心。

第二，通过不断的学习，树立辩证的思维的概念，做到透过矛盾的两端，看到相互变化的趋势。比如，能在不利中看到有利，在危险中看到光明，从而创造条件促成矛盾的相互转化。

课程回顾

一、销售人员的职能

信息员、战斗员、服务员。

二、销售队伍的规模

1. 与管理客户的工作量有关。

2. 与技术进步有关。

3. 与产品/市场周期有关。

三、销售人员的销售步骤

挖掘—准备—接近—讲解或示范表演—应对异议—达成交易—追踪维持

第二十讲
课程回顾之一
——如何向不同的客户销售不同种类的产品

本讲主要内容

一、如何向不同客户销售

二、如何销售不同种类的产品

三、服务产品的销售

四、如何向有潜力但较难对付的客户销售产品

在前十九讲里,我把营销管理的基本内容讲完了,现在略做回顾。营销管理的基本内容包含什么呢?

首先在市场调查的基础上,发现哪个机会是你的营销机会,即哪个是你既有发展潜力又有竞争优势的机会。

其次,对这个营销机会进行进一步的分析。因为你没有能力为这个营销机会的所有顾客服务,你只能为其中一部分顾客服务。所以,你还要对这个营销机会的当前市场容量和未来发展潜力进行测量,在测量的基础上进行市场细分,在细分的基础上按照发展潜力/竞争优势的原则选择谁是你的目标顾客。在既定选择的目标市场上,还要跟竞争对手相比,你的竞争优势如何,怎样发挥你的竞争优势,即市场定位。

最后，在目标顾客选择和市场定位的基础上，运用具体的营销手段，来实现这个市场定位，来把这个营销的竞争优势淋漓尽致地发挥出来。上述三个步骤作为企业的营销人员，要不断地重复进行。要适应变化了的形势的需要。

在课程回顾的基础上我要讲几个问题，这些问题是大家在现实生活中经常遇到、是最容易出错的。

第一节　如何向不同客户销售

企业的客户一般来讲可以分成两种：一种是集团客户，一种是非集团客户。

集团客户就是组织市场，既包含着生产商也包含着中间商，还包含着各种社会机构或者各级政府。非集团客户就是为了生活消费目的而购买的家庭或个人。工业生产商主要的是集团客户，但是也往往向非集团客户方向发展。比如说电脑，康柏公司的电脑最初是为工业用户用的，但到后来，不是也向非集团用户家庭电脑方向发展吗？作为消费品来讲，通常是给非集团客户销售的，但是也有集团客户，中间商不就是它的集团客户吗？另外，消费品市场一段时间可能是非集团客户，另外一段时间集团客户也来购买。比如说中国的彩电、冰箱、洗衣机，原来主要是为非集团客户服务的，现在许多企业都中午订盒饭，就转变成了集团购买。如何向集团客户和非集团客户销售？这两类客户不同的需求特点导致它们不同的购买特点，也就导致你不同的营销行为。

1. 集团客户的需求及销售

（1）集团客户在需求上的特点

①购买量大，地理位置相对集中。

②派生的需求。集团客户所有的需求是因为有人向他购买。比如说现在的很

多企业为什么中午要订盒饭？因为员工要消费盒饭。现在的很多企业为什么要买冰箱、买空调？因为自己的员工使用。

③采购者受过正规训练，采购者决策复杂繁琐，企业和集团客户之间能建立长期关系。

（2）怎么向集团客户销售

主要是关系营销。具体来讲三个方面：

①作为企业来讲，不仅要了解集团客户采购中心对产品的需求，还要了解集团客户内部，如生产部门、采购部门、质量部门、科研部门等，他们对采购的要求是什么。这样，你就能使自己的产品尽可能地适应他们的要求，即使产品一定你也能为做他们的说服工作打下基础。要明白一个问题，采购是受后方影响的，他不愿意自己采购的产品受到后方的非议，因此你要让采购中心购买你的产品，你就必须解除他的后顾之忧。

②在采购中心内部要了解决策者、影响者，说好话不算数但说坏话算数者，了解他们之间的相互关系，矛盾的关系等，为分门别类地做工作打下基础。

③当对采购中心内部具体的人做工作时，不但要了解他本人的各方面的情况，教育、文化程度、年龄、对风险的态度、生活阅历等，还要了解影响他的因素，除了工作单位人和人之间的制约外，还有他的太太、孩子、家庭、亲戚朋友、同学等对他的影响。

总之，你要影响一个人，那就必须影响能够影响这个人的因素。你要影响一个部门，就必须影响能够影响这个部门的因素，解除他们的后顾之忧，借用他们的影响力量来做工作。

2. 如何向非集团客户销售产品

非集团客户有什么特点？如何向非集团客户销售？

（1）采购量小，居住分散。这就要求通过宣传、人员推广等手段，启动广大消费者，要求重视营销网络的设置，使他们在方便的地点购买。

（2）采购者没有受过正规训练，容易受外在环境，比如说包装、宣传、促销、社会舆论等方面的影响。因此企业要重视包装、宣传、促销、降价、社会舆论等方面对采购者的影响。

（3）非集团客户所需求的消费品往往技术含量是低的，产品的互相替代率高，产品的生命周期短。这意味着企业要重视新产品的开发，以及增加产品的花色品种。即使产品不变，也应当宣传产品的新功能。因为非集团客户购买的产品技术含量低，消费者随波逐流的倾向高。

第二节　如何销售不同种类的产品

1. 复杂型的产品

什么叫复杂型产品？比如说房地产、保险、家庭装潢、装饰，因为产品的技术比较复杂，消费者不懂，需要花很长的时间来琢磨，因此消费者在购买这种产品上就往往花费大量的时间，找很多的人商量。

复杂产品怎么销售？大家要牢记这么几个方面：

（1）要重视销售人员的培训

要教育销售人员向顾客耐心地讲解，通过详细的文稿，让顾客认真地阅读，目的是讲清产品的好处，讲清该品牌与其他品牌的不同之处。

（2）重视人际关系对消费者的影响

利用人和人之间，利用熟人之间的相互信任，通过会员制，通过俱乐部制，来销售这个复杂的产品。比如，万科的会员制应该说是做得很好的。

2. 和谐型产品

所谓和谐型产品是价值比较高（两三千块钱），由于质量都差不多，消费者对这个产品有一定的了解，在购买的时间花费的力量不是很大。但是它经常让客户飘浮不定，那么多的品牌，还要两三千块钱，我到底买哪个？买了这个，他考虑另外一个是不是更好？买了另外一个他觉得这个是不是更好？往往不自信。对这种和谐型的产品，消费者要求的是心理的平衡。

这种产品应该怎么销售呢？

(1) 通过售后服务的增加，吸引客户拍板。

(2) 适当地搞一些促销活动，如，买一送一，给你一些小礼物，让你的平衡感更强。

(3) 通过适当的让利，适当的降价，适当的折扣，让他感到买这个产品更有价值。

3. 多变型产品

什么是多变型？产品简单，品牌众多，价值不高，消费者购买变化大的产品。比如说啤酒、奶粉、白酒等。

这种产品应该怎么销售？

(1) 注重包装。通过包装吸引消费者的注意力，提高消费者对产品价值的理解。

(2) 放在货架的醒目的位置上，降低购买的成本。

(3) 现场促销。啤酒的销售、奶粉的销售，现场经常有促销小姐，没有她们，大家可能买了别的；有了她们，往往买了她们的。

(4) 买断宾馆、酒楼、饭店等。我根本不给你比较的空间，竞争的最高境界是无竞争状态。

4. 简单型产品的销售

什么是简单型产品？技术不复杂，价值不高，品牌众多，消费者购买随机性强的产品。这种产品消费者经常去购买，铅笔、橡皮、笔记本，碰上什么买什么。

这种产品怎么销售？

（1）注重包装，通过包装刺激他的购买欲望，提高他对这个产品与众不同价值的理解。

（2）放在货架的醒目位置上。

（3）降价促销。

（4）宣传广告，尤其是做电视性的宣传广告。比如说佳洁士牙膏、蓝天六必治牙膏，主要是吸引大家的眼球，吸引大家的注意力。

5. 非渴求型产品的购买

比如说火险、寿险等险种，以及墓地等，让人一听就忌讳。

这种产品应该怎么销售？

（1）选择目标顾客

即选择一些既有购买欲望又有购买能力的人。

比如说保险的选择，随着社会的发展，人们的保险意识在觉醒，有先觉醒的，也有觉醒当中购买能力更强的，这些往往就是目标顾客。这些人既有购买欲望还有购买能力，你可以多找这些人加入保险。墓地也是这样，年纪轻的你别找他，年龄大的又有购买力的你可以找他。

（2）选择促销的时机

像保险，什么情况下推销保险更容易？几年前飞机空难的时间、"非典"期间，这个时间人们的保险意识觉醒了，推销保险更容易。

第三节　服务产品的销售

所谓服务就是单独出售或者连同其他有形产品一起出售的活动或者努力等。换句话讲,是一方向另一方提供的基本上是无形的任何活动或者行为,并且不导致任何所有权的发生。比如说你听毛阿敏的歌曲,你不能说你把毛阿敏给买断了,你只能说你买了她两个小时的唱歌的权利。

(1) 服务产品有什么特点?

①无形。看不见摸不着,所以,消费者购买的风险大。

②不可分离性,其生产的过程就是我消费的过程,哪怕我心情再不好,他生产了,我消费了,我也得交钱。另外,不可分离性导致发生冲突的概率高。服务行业很难进行OEM生产,比如,我就要毛阿敏来演唱,毛阿敏没时间了,要别人来代替不行。

③可变性强。由于跟顾客经常接触,就得发生冲突。导致服务人员心理的波动性比生产人员更强,发生事故的概率偏高。

④不易储存性。我预计八个客人来吃饭,就请了两个厨师,结果一名客人也未到。这两个厨师我也得付费啊。因此服务行业更强调计划性。

⑤质量的难判断性。有形产品在未购买前就可以判断质量。服务产品呢?饭菜你不品尝,不知道质量好坏。医生给病人做手术,就是做了你也不一定知道好坏,总是过了一段时间你才知道。

(2) 如何做好服务营销?

①通过创新,制造一个一个的差异,拉大跟竞争对手的差距。服务行业的模仿特容易,可以通过技术创新提高别人进入的门槛。

②重视服务人员的选拔和培训。

③服务的程序化、标准化。像麦当劳一样,把服务放在厨房里边。做到像福特

的流水线一样，提高质量的稳定性。

④建立顾客的投诉和抱怨系统。通过顾客的投诉和报怨来提高内部员工的工作能力。

⑤组织的作用。服务行业还有一个特点，就是忙得忙死，闲得要命。怎么解决这个现象？可以通过组织的作用来解决。比如，可以让服务明星跟一般的工作人员联合成立工作小组，一般的工作由一般的工作人员来干，特殊的、重要的工作由特殊的、重要的工作明星来做，通过这种方式来做到人力的平均负担。

⑥重视技术的应用。服务的增加，会增加成本，我们怎么降低成本？应该注重技术的应用。比如说对讲机出现了，房地产小区的保安的数量就可以减少。有了自动热水器了，宾馆服务人员的数量就可以减少。人员的数量减少了，跟顾客的冲突便降低了。

⑦无形产品有形化。通过具体的工作人员的表现，通过企业的装潢，通过高科技的设备，通过优秀服务员的态度和质量等，让顾客感受到企业的竞争优势所在，降低顾客购买的风险。

⑧重视品牌的作用。品牌是群众集体智慧的结晶，是企业给予消费者的长期、稳定的承诺。在服务产品购买的时间，消费者经常跟很多人商量，经常看谁的牌子响购买谁的。

第四节　用案例说明如何向有潜力，但较难对付的客户销售

我有一个朋友叫郝结明，他是广东顺德一家染料公司的驻江苏、浙江的营销经理。他虽然是理工出身，但是特别爱好中国的古典文化，尤其爱好那个阴阳五行的转化。他曾经给我讲过一个他的案例，大家通过这个案例来看怎样向有潜力

的、难对付的客户销售。

话说有一个客户，影响力很大，应该说是领袖客户。他要开发这个客户，于是派了五个营销人员去，都是失败而归。原因是对方只给五分钟时间，无法开展工作。他就想，五分钟意味着什么？五分钟说明他很忙，忙得顾不上接待朋友，忙得顾不上家人和孩子，忙得顾不上老人和亲戚，那我做不了他本人的工作，我可以做他的家庭甚至他朋友的工作，借助这些来做他的工作。因此就让他的工作人员，查一查这个人的家庭状况。说，有两个孩子，大的是女孩，小的是男孩。男孩在初中读书。他说，女孩不管，管他男孩。这个男孩各方面条件都不错，就外语学得不太好。他说有办法了，就从他的孩子身上，从英语上来做文章。当时离中秋节不远了，他就带着两盒月饼和一个英语复读机去了。这个客户一见了面就跟他讲我很忙，只给你五分钟。他说用不着五分钟，两分钟就讲完了。于是，把月饼拿出来了，说明这是公司的心意。再拿出英语复读机，说明这是我的心意。这是个人感情，是送给你家孩子的，为你家孩子学英语用的。他不说孩子还好，他一说孩子，老板说我一个月没见孩子了。可怜天下父母心呀，请坐！请坐！这一坐，再一喝茶，一个半小时过去了，这一个半小时他什么搞不定？于是，他俩建立了个人的强烈感情，很快这个客户就拉过来了。

通过这个案例说明什么？万事万物都有强势和弱势，且弱势可以转化为强势。这个郝结明先生，是不是在黑暗中看到光明，是不是在不利中看到了有利？他在绝望中看到了希望，并成功地促使矛盾双方的相互转化。

课程回顾

一、如何向不同客户销售产品

1. 集团客户。

2. 非集团客户。

二、如何销售不同种类的产品

1. 复杂型。

2. 和谐型。

3. 多变型。

4. 简单型。

5. 非渴求型。

三、如何做好服务产品的销售

①创新；②注重人员选拔；③程序化；④完善投诉制度；⑤重视新技术；⑥发挥组织的作用；⑦无形产品有形化；⑧注重品牌。

四、如何向有潜力的，但较难对付的客户销售

善于发现对方的弱势，并展开进攻。

第二十一讲 课程回顾之二
——如何在不同时间、不同地点销售同一类产品

本讲主要内容

一、同一类产品如何在不同时间销售

二、同一类产品如何在不同地点销售

第一节　同一类产品如何在不同时间销售

1. 要考虑产品的淡、旺季，以及淡、旺季的自身变化

任何产品都有淡季、旺季，淡、旺季可以划分成两个市场，淡季如何销售？旺季如何销售？淡、旺季也是有变化的。比如说中国的家电，彩电、冰箱、洗衣机等产品，原来的淡、旺季特明显。节假日属于销售的旺季。但是后来，随着城市化的发展，随着经常搬家，随着奢侈品越来越成为大众消费品，淡、旺季已经变得不明显了。因此企业一方面要研究产品的淡、旺季，同时还应当考虑产品的淡、旺季的变化。有成就的企业，能提前看到产品的淡、旺季的变化，经常在淡季做广告，以适应这个变化的趋势。

2. 要考虑经济周期与产品的销售

任何产品都有生命周期,有低潮,有高潮,有衰退,有复兴。不同的时间,人们的收入状况不一样,导致人们的预期不一样,从而导致人们的购买行为不一样。因此企业不能用静止的观点来考虑问题。

比如说海尔,1998年东南亚发生经济危机时,海尔提出"只有淡季的思想,没有淡季的市场"的口号。原来东南亚国家收入高,主要销售高档产品。因为经济危机的关系,没有太多收入了,但是人们对产品仍然有需求,只不过需求的层次降低了。后来海尔就把中档产品、低档产品销售过去,这就叫满足顾客的需要。因此来讲,企业的产品种类多一些,往往能适应不同时间社会需求的变化情况。

3. 考虑产品生命周期的地理延伸

比如说电脑在2003年左右的北京,已到了成熟期,而在其他地区也可能在成长期,可能是市场的培育期、发育期、导入期。所以,企业还得掌握住不同地域在同一个时间,产品生命周期的变化,从而来灵活地销售这个产品。

比如说松下,刚刚改革开放的时候,松下把日本淘汰过的产品送到中国了。但是在中国,还属于新产品呢。由于淘汰的原因,价格便宜,来到中国供不应求。再比如说长虹,20世纪90年代在城市销售十四英寸彩电。后来这个彩电在城市被淘汰了,它又把这个产品销往农村市场,农村还有这个需求啊。这就叫产品生命周期的地理延伸。

4. 要考虑产品生命周期不同阶段的策略

单单讲在一个地方,产品在不同的时间,会随着顾客购买阶段的变化,经过不同的生命周期:导入期、成长期、成熟期、衰退期。生命周期的不同生命阶段意味着什么呢?目标顾客的变化,目标顾客需求的变化,竞争状况的变化,经销商状况的变化，从而导致营销4P的变化。

第二节　同一类产品如何在不同地点销售

1. 当产品在进行地理扩张，即向别的地区市场发展的时候，经常存在的问题是"自以为是"，将一地的成功经验普遍化

没有具体情况具体分析，结果不适应当地市场的目标顾客需求的状况，不适应当地市场的竞争状况，不适应当地的经销商状况，从而导致不能在竞争中满足消费者的需求。

（1）下面讲一个国内进军异地的实例

2000年左右，在广东有一个中国资产规模最大的装潢装饰公司，叫星艺集团公司。这个公司的设计能力相当强，它在全国有一百八十多个分公司，几年前它在向北京市场进发的时候，遇到了很大的困难，当然了，最后还是进去了，并且发展得很不错。这个企业为什么在广州发展得很成功，而进入北京市场几进几出呢？就是将以往成功的经验普遍化，照抄照搬广州的成功经验，而没有和北京的实际状况相结合。

具体表现在两个地方：

第一，是在营销网络的设置上。广州经济发达，社会实现了明确分工，它在写字楼里办公。而北京，当时人们找家庭装潢装饰公司往往去建材城。所以忙了半天，大家不知道它。

第二，就是设计问题。它的设计能力相当高，广东的生活水平高，设计得高档些，基本上也买得起。北京人文化程度高，但当时的经济条件不如广东，同时砍价能力强。所以往往花了很大的精力设计的价值12万的设计方案，北京顾客最多掏6万。讨价还价后六七万成交，它不赚钱。

这两个表现说到底是什么呢？将一地成功的经验普遍化，没有在北京市场做一个认真的考察。

（2）下面再讲一讲在国外销售遇到的问题

1999年，北京天客隆集团正式进军莫斯科。在最初的一两年经营得非常艰难。原因也很简单，在想象中生活，将北京一地成功的经验普遍化，直接搬到莫斯科去，结果不适应当地情况。应该说，它进军莫斯科市场时，对莫斯科有利的市场前景的分析还是比较全面的。如，俄罗斯重工业发达，而中国轻工业发达，俄罗斯对中国的产品有需求。另外，当时中俄领导人交往很频繁，俄罗斯人也希望中国有实力的企业过去。

但是忘了分析它的不利方面。

第一，对俄罗斯的国内、国际的宏观环境、政治环境、国际环境的形势把握不准。结果它刚刚办了一两个月，车臣战争就爆发了，整个的铁路全部被国防军调用，它的产品就过不去。中国驻俄罗斯大使开玩笑地讲，莫斯科天客隆大厅是："空空当当，没有东西"。为了吸引人气，只好多次将货物从飞机空运过去，成本就很高了，只能提价，结果一斤酱油就卖到八十几块人民币。

在那段时间，俄罗斯的政治环境很不稳定，从1998年到1999年2月开业十个月的筹备时间，他们就经历了四任总理。去了以后才知道，俄罗斯的腐败和官僚现象也很严重。结果第一批货就被他们无偿地拿走了。

第二，令他们没有想到的是，中国海关检验和俄罗斯的检验不一样。俄罗斯是落地商检，可以说是每样每样地检验，十八种酱油就要配上十八种酱油证，一个检验证就要花三百到五百美元，酱油就花去了六七十万美元的检验费，东西还没卖。

另外,他们一直认为俄罗斯经济状况不如中国,但没有想到生活质量的要求比中国高。我们的一个特别有名的彩电厂家的四百台彩电,到了那里以后,不符合当地的标准,结果被当场销毁。

因此,进入一个陌生市场时,首先进行一个市场调查,了解哪些市场机会是你的营销机会。

(3)刚才讲了两个不成功的或受到严重挫折的例子,再讲两个成功的例子

2002年以前,海尔并购了18家企业。这18家企业在什么地方?除了极个别的之外,都在青岛市政府的力量能够影响到的地方。为什么?青岛市对很多比较落后的省份,有对口支援项目,有各方面的交换,所以它就在这些地方办厂。海尔制度很严格,它到了以后,就要跟当地的传统文化发生冲突。一旦发生冲突,由于当地跟青岛市政府有密切的关系,所以政府往往就会站在青岛,站在海尔的角度上,做艰苦细致的说服工作。

国外销售也有成功的榜样。比如说,麦当劳。麦当劳在它的国家是专门为中产阶级服务的。但是到了中国以后,由于成年人的口味很难改变,就从少年儿童做起,改变他们的口味。在日本,不定位于孩子,而定位于成年人,作为高档次的象征。在日本东京的银座里,卖麦当劳。

2. 无论是向国外不同国家的销售,还是向国内不同地域的销售,都有规律可循

第一,重视信息的搜集与整理,做到入乡问俗、入乡随俗。

第二,准确地进行市场容量的测量和未来市场潜力的预测。

康师傅最初在大陆销售是不成功的。后来老板回忆的时候,说过这么一句话:最初来大陆的时候,感觉真是好极了,什么东西乘上十二亿,心情就很激动,恨不得拥抱大陆。这种算法显然是不对的。

我在湖南出差的时候，一个咨询公司的总经理想策划一本书。他就讲这本书的市场前景太辽阔了，我们湖南七千万人民，百分之十的人买我的书，那就是不得了的一个数字。我说你卖不了。为什么呢？95%的工人农民你不要计算他，还剩百分之五，这百分之五的人当中，中小学生你不要算他，大学生很多人你都不要算。你真正能算的人有几个呢？再说你这个产品是畅销性质的，偶尔看看，不会拿来保存。这样一分析还有多少人购买？现在出版社的行情是什么呢？一般的书卖两千册就不错了。你得考虑行业的性质，远没有想象得那么乐观。

第三，确定目标顾客及其需求。在市场容量测量的基础上确定目标顾客及其需求。比如说，麦当劳在中国，定位在少年儿童。怎么带动少年儿童？通过搞活动，带动少年儿童，通过少年儿童带动大人来消费。

第四，制定营销4P。在前三者的基础上考虑营销4P的制定。或者改变产品，或者改变价格，或者改变促销，或者改变分销，或者这四个当中，改变一个其他三个不变，或者改变两个，其他两个不变，或者改变三个，剩余一个不变，或者全变。总的来讲，营销手段要符合目标顾客及其需要。

3. 美国营销学家基感主张：当产品在向其他地区销售的时候，应重点考虑两个变量，一是产品，二是促销

（1）直接延伸

产品不变，促销也不变。这适合标准化的产品。比如说可口可乐、百事可乐、照相机、机电产品、家电产品、食品等。

（2）传播调整

产品不变，但是传播、宣传改变，比如说自行车。自行车在不同的国家作用不一样。有的国家是作为交通工具来用的，有的国家当成健身的工具来用。

（3）产品调整

产品改变，宣传不变。比如说洗衣粉，不同的国家、不同的地区用法不一样。有的国家主要用手洗衣服，有的用洗衣机洗衣服。不同国家、不同地区的水质还不一样，产品得变，但宣传不变。

（4）双重调整

产品和信息都变。比如说美国曾经有一种塑料手枪，大人和孩子都可以玩。它比金属的玩具枪更坚固，另外价钱便宜。不想要了，可随手就扔。结果它的产品向德国推广的时间，遭到阻力，为什么呢？德国是绿色保护营销特别发达的国家，不强调随手扔东西。另外，德国人重质量，认为塑料做的东西不坚固。所以，美国公司只好在外面涂上一层染料，表明我很坚固。

（5）产品创新

即专门为特定的地区市场开发某一种新产品。产品创新有两种，一种是后向创新，一种是前向创新。后向创新是把这个国家淘汰的产品，原封不动地带到另外一个国家去，因为国家的发展有不均衡性。前向创新是专门制作这个国家需要的新产品。

课程回顾

一、同一类产品如何在不同时间销售

1. 考虑淡旺季。

2. 考虑经济周期。

3. 考虑产品生命周期的地理延伸。

4. 考虑产品生命周期的不同阶段的策略。

二、同一类产品如何在不同地点销售

1. 经常犯的错误：将一地的成功经验普遍化。

2. 经验：

①重视信息搜集与分析；

②市场预测；

③确定目标顾客及其需求；

④制定营销4P。

3. 美国营销专家基感的主张：重视产品和促销两个变量。

①直接延伸；

②传播调整；

③产品调整；

④双重调整；

⑤产品创新。

第二十二讲 课程回顾之三
——走出营销管理的误区

本讲主要内容

一、营销管理的基本精神

二、宏观分析方面容易出现的问题

三、营销4P容易出现的问题

本讲结合我这几年的教学，以及给企业讲课、咨询中所遇到的营销管理上的问题，做一下综合的回顾，并提出相应对策。

第一节 营销管理的基本精神及宏观管理中易出现的问题

（一）营销管理的基本精神

第一，通过市场调查确定营销机会。市场调查包含两个方面：一种是宏观营销的调查，一种是微观营销的调查。了解宏观性调查主要通过书面材料；了解微观环境，主要看书面材料，更要进行实地调查。通过对环境的分析，可以看到有很多市场机会，在众多的市场机会中，还要根据发展潜力/竞争优势的原则，选择一个作为你的营销机会。

第二，一旦确定了营销机会，就要对当前市场机会的容量和未来发展潜力进行测量和预测。在测量和预测的基础上对这个市场进行细分，选择自己的目标顾客。在目标顾客选择的基础上，确定发挥竞争优势的途径。

第三，制定营销4P战术，通过营销4P发挥竞争优势。

（二）宏观分析方面容易出现的问题

对企业来讲，以上三个步骤是不间断地进行的。围绕营销管理的基本精神，我认为目前的管理在宏观管理中存在问题，主要是以下四个方面。

1. 经营理念问题

在这里我讲康师傅。康师傅在中国最初的经营是不成功的，后来不断地修正，开发了方便面这个产品。做得很成功，目前康师傅在中国名声相当大。董事长魏应行回想起创业的心境时，很感慨地说过这么一段话，他说当对大陆形势的认识只有百分之五到百分之十的时候，感觉真是太好了，什么东西乘上十二亿，就很激动，恨不能拥抱大陆。随着时间的延长，投资的深入，当认识到百分之三十到四十的时候，就沮丧起来，因为不太适合市场规律的事太多，做什么都不顺利。等到股本赔光，恨不能卷铺盖回家的时候，已经认识到百分之五十到五十九了。一旦跨过这个阶段，到达百分之六十以上时，就会柳暗花明，峰回路转。

大家看第一句话："当对大陆形势的认识只有百分之五到百分之十的时候，感觉真是太好了，什么东西乘上十二亿，就很激动，恨不能拥抱大陆。" 这是什么问题？市场容量的测量和未来预测的问题。显然这种测量方法是不对的，不是细致的测量。

我曾经专门讲过"怎样进行市场测量的预测"。以"南方航空公司怎么在北大招人"为例。先看本科生多少人，1.5视力的有多少比例，再估计在1.5视力的当中，男的个头一米七四以上有多少比例，女的个头一米六三以上有多少比例，再预算体态端庄、长相秀丽的人有多少比例。在这些人当中，哪些人可以到航空公司工作，又有多少人会到南方航空公司工作。就这样一步一步算出市场容量来的。

第二句话："随着时间的延长，投资的深入，当认识到百分之三十到百分之四十的时候，就沮丧起来，因为不太适合市场规律的事太多，做什么都不顺利。"

很多人说，中国不符合市场经营规律。我是这么认识的：市场是什么？自由的交换。那么自由的交换形式与什么有关呢？与供求关系有关。当然了供求关系与社会总的生产力有关，市场规律就是研究供求，在供不应求、供求相当、供过于求的时候，市场规律的表现形式是不一样的。我认为目前中国的情况符合市场规律，只不过市场规律是很抽象的。但是规律在特定情况下的表现是不一样的，你不能拿发达国家的市场规律的表现和一个不发达国家、不发达地区市场规律的表现来相提并论。一个本质有很多的现象。庄稼在合适的情况下发芽成长，这是规律。但是长成什么样子，与环境有关。很多人往往抱怨中国，实际上是什么呢？他将一个地方的经验拿到另外一个地方来，普遍化而没有特殊化。

第三句话："等到股本赔光，恨不能卷铺盖回家的时候，已经认识到百分之五十到五十九了。一旦跨过这个阶段，到达百分之六十以上时，就会柳暗花明，峰回路转。"失败是成功之母，要认识规律是很不容易的。探索的过程非常麻烦，因此得树立"没有调查，没有发言权"的精神，得有屡败屡战的精神，你才能认识市场的规律。一旦认清规律，抓住主要矛盾，次要矛盾迎刃而解。

2. 市场调查分析不够

天客隆兵败莫斯科的案例就说明了这一点。现在，很多工业品生产商遇到的问题是什么呢？太考虑自己的下家企业，而不注意研究最终的消费者。企业要明白最终的消费者的需求影响了下家对你的需求，你要正确地预见它。很多企业为什么大起大落，就在这个地方吃亏。

3. 市场容量的测量问题

一是太考虑未来的良好的发展前景，而对后来发展的过程中出现的危险和危险出现的概率，了解不清。

二是测量市场的方法上也有问题。比如康师傅，什么东西乘上十二亿，那就不是一种实事求是的分析方法。

4. 目标顾客的选择和确定竞争优势发挥途径方面有问题

我在北大给企业家特训班上课的时候，很多企业家经常问这样的问题：我的价格合不合理啊？我的产品好不好？我的促销行不行？我经常反问他们一句：你先不要管这个，要问这个行不行，你首先要了解你的目标顾客是谁？你为谁服务？你为什么为他服务？你的竞争对手如何？人家在哪些方面有优势？哪些方面是劣势？经销商状况如何？这些说明白了，我才知道你产品合不合理，定价合不合理，促销合不合理，分销合不合理。

第二节 营销4P容易出现的问题

（一）品牌建设方面

1. 什么是名牌

有人说，名牌就是身份地位的象征，名牌就是卖得贵。错！名牌是什么？名牌就是品牌中的佼佼者，它是在既定的需求曲线基础上，消费者的评价提高了，意味着同样产品确实卖得贵，同时也意味着同样的价格卖得多，但你不要觉得名牌一定卖得贵。名牌既有大众品名牌，也有奢侈品名牌。化妆品有名牌，难道刮胡刀就没有名牌？你能说馄饨、水饺、面条没有名牌？大众性名牌就是价格便宜了。北大、清华是名牌，在幼儿园建设方面，有没有名牌幼儿园？

2. 有人认为品牌就是靠广告打出来

我认为这句话也不妥。名牌是品牌中的佼佼者，要做名牌，第一你的有形产品一定要好。第二要在宣传上做文章。广告是告诉人们产品有什么特点，有什么优势，是通知人们购买的作用。企业形象更多地还是靠宣传。宣传是什么？宣传是利用媒体宣传的力量，树立对企业有利的形象，消除对企业不利的形象。

比如说河南宇通客车。在中国客车销售方面是响当当的一个企业，现在它要做品牌营销了，准备在中央电视台做广告。我是这么说的：如果你暂时这么做是可以理解的，但是从长远来讲没有这个必要。为什么呢？谁买你的客车？是集团客户，是企业用户，而不是消费者。而集团客户全国就那么几家，很容易找得到。做广告的目的是什么？将分散的消费者短时间内凝聚在一起。而宇通面对的是工业品用户，最重要的是宣传，宣传企业的质量，宣传企业如何如何对消费者好，宣传企业的管理经验，宣传企业的文化建设，通过这些方面提升品牌的价值。

3. 还有一个误区是有人认为名牌就是宣传给人们带来的好处

名牌更应该宣传企业特有的文化，特有的个性，特有的价值。只有这些东西，才是对消费者长期有影响的东西。

（二）在产品建设方面

1. 不能摆平技术模仿和技术创新关系的平衡

比如说前段时间消费者抱怨中国家电总是制造概念，而没有真正的技术的突破。概念是什么呢？无非把消费者想了解的东西，用简单的话表达了出来。制造概念是应该的。但是这个概念应建立在实际的基础上。假若企业没有实际意义上的重大技术的突破,总是制造概念,人们就觉得它花架子,名实不符。

在日本,有技术的索尼,模仿的松下之说。松下后来遇到很大的压力。为什么呢?因为模仿是建立在双方差距较大的状况下,一旦双方越来越接近了,你就很难模仿了。假若没有自己创新的能力,往往会受到里外打击的场面。比如说松下,在低成本方面,受到中国的压力,在高科技方面,受到索尼的压力。这就意味着当你与别的企业差距大的时候,以模仿为主。但等到差距缩小了,应积极创新。

2. 在定价方面,我们有哪些不足呢

(1)社会认为降价是低层次性的,或说降价不是竞争,还有种说法是要打价值战不打价格战。怎么来理解?什么是价值?价值是顾客购买的总价值和总成本的比较,即顾客让渡价值。谁的让渡价值高,顾客就买谁的。假如你在成本方面有长期的竞争优势,通过降价能给消费者更大的满足,谁还说它是低层次竞争?实际上1998年的长虹是低价竞争。在2006年之前,中国产品在国际市场上,有长期竞争优势的就是成本。你应不应该将这项特长充分地发挥出来?你不能说降价是低层次竞争。给消费者最大的满足好不好?消费者最喜欢价格低、质量好的产品。

(2)降价时忽视竞争者和消费者的反应。

比如说中国的温州打火机在向欧洲销售的时候就遇到这个问题。温州打火机成本相当低,都在两美元以下,欧洲人当然高兴,但是高兴了也有顾虑。为什么呢?好货不便宜,便宜没好货。价格那么低,质量能牢靠吗?温州打火机的竞争对手也想恢复过去的平衡,就有意识地利用了消费者的这个心理,运动政府搞了一个方案。两欧元以下的打火机,禁止出售。另外,要在欧洲销售必须加一个安全阀。什么意思呢?别让儿童拿了打火机,酿出火灾。这对温州打火机的打击非常大。

(3)应付降价的敏感性不够。特别是20世纪90年代的长虹,有一段时间降

价,北大企业家特训班的几个学员就在一起商量对策。其中就有这么几句话我听了。说长虹这么做,赚不了钱,成本我们是了解的。我给他们讲这么一句话,它要降,肯定提前都想好了,谁都不愿意做亏本的买卖。另外,它靠这个产品降价,即使不赚钱,也能促使产品组合最大化。即靠这个产品降价带动别的销售来赚钱。哪怕这段时间不赚钱,但把门槛抬高了,为的是长期赚钱。在很多人看来,格兰仕的微波炉的价格是不能赚钱的。但是,格兰仕规模做得很大,全世界好多企业干不下去了,退出了加工工厂,它不用投资设备,当然能把成本降下来了。所以,你降不下成本,不等于别人也降不下来。美国的福特汽车在20世纪初的十五年时间内,把汽车的价格从4000美元一直降到了285美元。

(三)在促销方面要注意的问题

(1)认为:促销就是宣传,宣传就得多花钱,没有钱就做不了广告,就办不了事。其实未必,多花钱不见得能办成事。你看盖中盖广告,找了全国那么多演员做广告,以致民间有"全国演员都缺钙,一齐来补盖中盖"的说法,广告效果并不理想。不花钱也不见得不能做成广告。招商银行的老总马蔚华,刚开始做的时候,没有多少钱。怎么做宣传?免费咖啡,免费茶水,便民雨伞,靠这些来提高自己的形象。

(2)名人做广告方面的误区。我是赞成用名人做广告的。从一般意义上讲,这是因为中国人的文化素质不够高,自我决策的能力弱,喜欢把命运靠在别人身上。名人做广告是合适的,但名人做广告的时候,你得考虑产品的特点与名人在人们心目中的特征是否相适合。

(3)辩证地看待名人广告。随着社会的发展,人们个性的增强,你也得从名人广告慢慢向次名人广告,向一般人广告转化。比如说江苏森达,它在北方地区是进名城,用名人做广告。在南方,进普通商店,用普通人做广告。

（四）在营销人员的管理方面存在的误区

1. 忽视组织建设

组织建设有两块，一是各地办事处的组织建设。二是组织总部的营销建设。

（1）办事处（分公司）的组织建设，原来都是以地域为单位，如华北区、东北区、西北区。但是到后来产品多了，就以产品为单位划分。如，洗衣机、冰箱。再后来，企业规模大了，全国扩张了，开始出现串货现象。慢慢转化到以客户为导向。

（2）营销总部的组织建设。原来人人都是战斗员，一旦有势力了，就要强调总部的组织建设。总部有什么功能？一是指导的功能，将地方分公司的优秀经验总结提高，然后推广。二是控制、监督的功能。防止营销人员犯错误。

2. 营销人员的管理方面偏重以"力"服人，忽视以"德"服人

要让人服从只有两个办法：一是提高他服从你的收益，二是提高他抗拒你的成本。以力服人确实不如以德服人。

（五）在渠道建设方面存在的问题

1. 渠道的调整

忘了渠道也有生命周期，不会根据经销商渠道的变化灵活调整渠道。

2. 不会处理渠道冲突

和经销商经常发生矛盾，往往只会抱怨不会处理。其实，处理经销商矛盾往往有两个办法：一个办法是加强交流，争取目标的认同。另外一个把经销商也拉进来，共同处在一个价值的平台，靠权威的强化来协调经销商的关系。我去了好多企业，遇到的问题一是基本功不扎实，基本概念不清楚。二是未能把握住营销管理的本质。营销管理的本质是什么？发现需求，满足需求，在竞争中不断地发展需求、满足需求。现在很多人都喜欢听讲座，讲座应该听。北大的讲座也非常多，但讲座是提高你兴趣的，真正提高你学习能力的还是系统的讲授。这就是课程结束的时候，我对大家的一点劝告或者忠告。

课程回顾

一、营销管理的基本精神

1. 市场调查寻找市场机会。

2. 市场细分选择目标市场。

3. 制定营销4P发挥优势。

二、宏观分析方面容易出现的问题

1. 经营理念问题。

2. 市场调研分析问题。

3. 市场预测问题。

4. 目标顾客选择及确定竞争优势发挥途径问题。

三、营销4P容易出现的问题

1. 品牌建设问题。

2. 产品建设问题。

3. 促销问题。

4. 营销人员管理问题。

5. 渠道管理问题。